孤独に強くなる9つの習慣

JN134070

植西聰

ワニ・プラス

はじめに

誰でも大なり小なり孤独を感じることがあると思います。

経営者ならば、経営の大変さに共感してくれる人がいないときです。

独身者ならば、伴侶がないことに寂《さび》しさや一抹の不安を覚えたときです。

サラリーマンならば、家に帰っても、あるいは職場にも、自分の居場所のないことのむなしさを感じたときです。

あるいは、すべての人にいえることですが、能力や仕事ぶりを他人が認めてくれないときも孤独を感じることでしょう。

実際、ある広告代理店が、七〇〇〇人以上の老若男女を対象に行った調査によると、「孤独を感じる」と答えた人は五一パーセントと半数以上にのぼることが明らかになりました。

その意味で、孤独はもはや深刻な社会現象といっていいでしょう。

問題なのは、それだけではありません。

孤独によってもたらされる感情を放置しておくと、人の心はマイナスに傾き、マイナスの感情が増えてしまうことです。

マイナスの感情が増えれば、「悪いことを思えば悪いことが起こる」という心の法則によって、運まで低下するようになります。

それを防ぐためには、孤独を克服する術を身につけることが大切です。

そうすれば、心の中にマイナスの感情をためる心配もなくなり、代わりにプラスの感情が増えるようになります。

そして、プラスの感情が増えれば増えるほど、人生は明るく楽しくなり、「明るく楽しいことを思えば、明るく楽しいことが起こる」という心の法則によって、運まで好転していくようになります。

そのためには、以下の9つの習慣を身につけることが大切で、その秘訣を簡潔・明解に説いたのが本書なのです。

習慣① 思考のスイッチを変える
習慣② 夢・願望を持つ
習慣③ 一人の時間を楽しむ
習慣④ 毎日の生活に動きをつける
習慣⑤ 自分を大切にする
習慣⑥ 自分を磨く
習慣⑦ 応援・協力してくれる〝マインドヘルパー〟を作る
習慣⑧ 徳積みをする
習慣⑨ 人との会話を楽しむ

「誰も私のことを必要としてくれない」
「誰も私の大変さを理解してくれない」

「友達がいない」

「世の中から自分だけ取り残されていく感じがする」

そんな孤独感にさいなまれたら、本書をぜひ開いてください。

そして、本書に書かれてあることを、できることから少しずつ習慣にしてください。

そうすれば、心の底から「さみしさよ、さようなら」と思えてくるようになるでしょう。

もくじ

孤独を感じたら、「人生の意味」を読み解く
孤独を感じたら、「知足の精神」を意識する
孤独だからこそ、ありがたいことが見えてくる

第2章　夢・願望を持つと孤独に強くなる……

夢・願望は孤独に強くなるための最良の栄養剤！
孤独のおかげで自分らしい夢・願望が明確になる
孤独でいると、周囲の雑音が遮断できる
孤独を感じたら、こうなればいいなあということに意識を向ける
孤独を感じたら、自分の使命を考え、夢に置き換える
まずは一週間以内でかないそうな願望からトライする
夢・願望をかなえるアクションをつづければ、孤独にならない
願望を二～三個掲げると、孤独を感じなくなる
孤独を感じたときは、夢・願望をイメージする
孤独を感じたら、五感を刺激する
気の合う仲間と共通の夢・願望を持つと、孤独に打ち勝てる

孤独を感じたら、腰を軽くするクセをつける
孤独を感じたら、とりあえず「ダメモト感覚」でやってみる
五一パーセントの「やりたい感覚」を大切にする
一日一回、行動パターンを変えてみる
孤独を感じたら、非日常的な体験をしてみる
孤独を感じたら、新しい何かを始めてみる
どこかに立ち寄る習慣をつける
一人でないと、できないことに目を向ける
孤独を感じたら、軽い運動を行う

第5章 自分を大切にすると孤独に強くなる

自分を大切にすると、孤独が克服できる
自分の良いところ、好きなところ、魅力をピックアップしてみる
自分のいただけないところを別の角度から眺めてみる
孤独を感じたら、自分だけの時計を持つ
孤独を感じたら、自分に向けて感謝とねぎらいの言葉を口にする

孤独を感じたら、自分にご褒美を与える
孤独を感じたら、ハッピー体験・成功体験を思い出す
孤独を感じたら、絵を描いてみる
孤独を感じたら、小説やエッセイや詩を書いてみる
誰に対してもいい顔をしない

第6章 自分磨きに励むと孤独に強くなる

孤独と向き合うと、見えてくることもある
孤独を「反省の時間」と考える
孤独を感じたら、本を読む
孤独を感じたら、成功者の話を聞く
孤独を感じたら、勉強に打ち込む
孤独を感じたら、スキルアップを図る
孤独を感じたら、得意なことに磨きをかける
孤独でいると、天職が見つかりやすくなる
孤独を感じたら、旅に出る

孤独を感じたら、挨拶を心がける
相手との距離感を縮めるために自己開示をする
明るい話題を口にする
お互いの共通点に敏感になると、会話が弾む
「鏡のルール」を会話で生かす
相手の自己重要感を高める言葉を口にする
相手の美点を発見するクセをつける
「口は一つ、耳は二つ」を絶えず意識する
孤独を感じたら、誰かとお茶や食事をする

第1章

思考のスイッチを変えると孤独に強くなる

思考のスイッチを変えると、心の中にプラスの感情がどんどん増える

孤独を感じるのはどんなときでしょうか。

他人との会話についていけない……。一人だけ浮いてしまう……。

考え方や価値観がみんなと合わない……。

友達がほとんどいない……。

恋人がいない……。クリスマスは一人きりで過ごしている……。

仕事の大変さを誰も理解してくれない……。

仕事で自分一人だけ取り残されていくような感じがする……。

自分の決断だけで会社を経営していかなければならない……。

このように、いろいろ挙げられると思います。

しかし、それだと心は幸福感で満たされることはありません。

心の状態はどんどんマイナスに傾いていき、心の中にマイナスの感情が増えるようになります。

すると、「マイナスの感情が増えるとマイナスの現象が起きる」という心の法則によって、運まで悪くなってしまいます。

そうならないように孤独に強くなるためには、**心の状態をプラスに切り替えることで、プラスの感情を増やしていく**必要があります。

だからといって、心の中を一〇〇パーセント、プラスの感情で満たす必要はありません。

相撲の世界に例えると、八勝七敗と勝ち越せば番付が上がるように、**プラスの感情を半分以上の五一パーセントにすることから始めればいい**のです。

そのためには、孤独を感じたときに、思考のスイッチを変えるのが一番です。

そうすれば、**プラスの感情の働きによってプラスの現象が起きるようになり、人生が劇的に好転する**ようになるでしょう。

ポイント

心の中をプラスの感情で一〇〇パーセント満たさなくていい。五一パーセントにすることから始めよう。

孤独を感じない人はこの世に一人もいない

孤独を感じたときに思考のスイッチを変えるためには、まず「孤独を感じない人はこの世に一人も存在しない」と自分に言い聞かせることが大切です。

その好例として仏教の創始者、ブッダ（お釈迦様）にまつわる話を紹介しましょう。

あるところに妻に先立たれ、一人寂《さび》しく暮らしている男がいました。

「妻がいないと、毎日が孤独でたまらない……」

そんな苦しみがピークに達した男はブッダに心のうちを明かしました。

すると、ブッダは次のように答えたのです。

お腹のすかない人はこの世に一人もいない。
眠らない人はこの世に一人もいない。
病気にならない人はこの世に一人もいない。
老いない人はこの世に一人もいない。

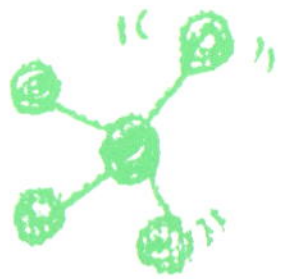

同じく、孤独を感じない人はこの世に一人もいない。

「孤独を感じ、そのことで思い悩む人は自分だけではない。それは人として、誰もが味わう必然的なことである」

そのことをブッダはその男に教え諭《さと》そうとしたのです。

現代を生きる人も同じです。

孤独を感じない人はこの世に一人も存在しません。

どの人も、何かしらの理由で孤独を感じることがあります。

そのことに気づけば、**「人間なら誰もが体験すること」**と思えてきて、心がだいぶ楽になります。むしろ、**心の中にプラスの感情が増え始め、孤独に打ち勝つ勇気が湧いてくるようになる**でしょう。

ポイント

孤独は人間ならば誰もが体験する必然的なことである。

孤独を感じたら、他人と比較しない

「同期はみんな役職があるのに、自分だけいつまで経っても平社員のままだ」

「みんな大学を卒業しているのに、自分だけ高卒である」

このように他人と比較して孤独を感じたときは、仏教の教えでいう「無分別」を心がけるといいと思います。

一般に無分別というと、「思慮がなく軽率」という意味でとらえられがちです。

しかし、仏教でいうところの無分別は違います。

他人と比較したり、物事を相対的に考えないで、ありのままに受け入れるという意味です。

この姿勢がいかに大切であるかについて、鎌倉時代末期から南北朝時代にかけての随筆家・吉田兼好も著書『徒然草《つれづれぐさ》』の中で次のように述べています（意訳）。

「人は心安らかに過ごすのが一番いい。他人と接していると、収入とか出世とか、どうでもいいようなことをついつい比較してしまい、心を乱してしまうため、安らかに過ごせなくなる。そうなると、自分らしい生き方を見失ってしまうことになる」

したがって、**他人と比較することなく、「自分のペースで我が道を行く」と考えてみる**といいと思うのです。

たとえば「同期はみんな役職があるのに、自分だけいつまで経っても平社員のままだ」「みんな大学を卒業しているのに、自分だけ高卒である」という思いにとらわれ、孤独を感じたら、次のように思考のスイッチを切り替えてみるのです。

「役職がないぶん、余計なプレッシャーや責任を感じることなく、マイペースで仕事ができる」

「高卒だからこそ、早く社会に出て経験を積んで、謙虚な姿勢で仕事に取り組める」

そうすれば、**優劣意識がだんだんと薄れていき、心が安らか**になります。

心が安らかになれば、プラスの感情が増え、孤独をさほど感じなくなります。

ポイント

自分のペースで我が道を行くと考える。

孤独を感じたら、余分なストレスをためないですむと考える

「連休なのに、誰も遊びに誘ってくれない」
「夕飯を食べようと友達に電話をしたら、用事があるから……といわれ、断られた」
そういうことで孤独を感じたときは、「余分なストレスをためないですむ」と考えてみるのもいいと思います。

たとえば、友人と食事に行ったときです。
「自分はさっぱりとした和食が食べたい。でも、相手はこってりとした洋食を食べたがっている」というとき、どちらかが妥協しなければなりません。

もし、自分が妥協して、こってりとした洋食を食べることになった場合、満足感は得られないでしょう。それどころか、フラストレーションがこみあげてきてストレスがたまる場合もあると思います。

友達が妥協をして、さっぱりとした和食を食べた場合も、心からの満足感は得られないと思います。「申し訳ないことをしたかなあ……」というつまらない後悔みたい

なものが余韻として残り、これまたストレスの元となります。

でも、自分一人なら、そうしたことでストレスをためることはありません。

むしろ、**食事を存分に楽しむことができるので、ストレスも解消していきます。**

これは一人だけ出世争いに取り残され、孤独を感じたときにも同じことがいえます。

出世をして嬉しい気持ちでいられるのは最初のうちだけです。

ときが経つにつれ、ライバルとの足の引っ張り合い、責任感、プレッシャーなどによって、神経をすり減らし、ストレスをためることになります。

しかし、**出世を望まなければ、こうしたわずらわしいことで頭を痛め、ストレスをためることはありません。**むしろ、**自分のペースで前向きに仕事に取り組めます。**

こうしてみると、**孤独であることは、ある意味、大変ありがたいこと**といっていいのではないでしょうか。

ポイント

孤独であることは、ありがたいことである。

孤独だからこそ、時間を有意義に使える

寂《さび》しいから孤独になる時間を避けようと、誰かと一緒にいる時間を意識的に作り出そうとする人がいます。

友人なり恋人なり、誰かと一緒に過ごせば、確かに孤独を感じることはありません。ましてや、食事をしたり、カラオケで歌を楽しめば、その時間がゴールデンタイムに転じるようになるでしょう。

ただし、良い反面、悪い部分もあります。それは自分一人の時間が持てなくなり、やるべきことができなくなってしまうことです。

「孤独の時間はイコール自分一人の時間」と考えるようにすれば、その時間を有意義に使え、たくさんのことが行えます。

家の中が散らかっていたら、掃除ができます。

洗濯、買い物といった雑用もこなせます。

人に気兼ねすることなく好きな音楽を聴くこともできれば、好きな映画を鑑賞する

こともできます。

好きな場所に散歩に行けます。

国家資格の取得を目指している人は、その時間を勉強に当てることもできます。

スポーツジムやカルチャースクールにも通うことができます。

要は、**孤独になったとき、「こういうことができる」というメリットを考える**ようにすればいいのです。

そして**それを紙にどんどん書き出す**ようにするのです。

そうすれば、**孤独の時間がかけがえのないゴールデンタイムに転じる**でしょう。

「孤独とは、ただひとりでいることではない。自らの真の自由と自己の尊厳を自覚し、それを楽しむ高度な生き方の一つである」

これは作家・久保博正さんの言葉です。

ポイント

孤独になったとき、「こういうことができる」というメリットを考える。

孤独を感じたら、〝楽天の発想〟を行う

孤独になったとき、「こういうことができる」というメリットを考えるようにする。

これがスムーズに行えるようになるためには〝楽天の発想〟を心がけるといいと思います。楽天の発想（私の造語）とは、自分の身のまわりに起こる現象のすべて、あるいは自分の身に降りかかってくる出来事を、すべて良い方向に解釈する考え方のことをいいます。

孤独の場合でいうと、**孤独であることを自分に都合良く解釈したり、結果として自分の人生にプラスになっていると考える**ようにするのです。

たとえば、維新の三傑《さんけつ》の一人である西郷隆盛。

西郷はいっとき主君・島津久光と折り合いが悪く、奄美《あまみ》群島にある島に流罪の刑に処せられたことがありました。それこそ誰も訪ねてこないような孤島です。

しかし、西郷は孤独感に陥るどころか、次のように考えたのです。

「おかげでたくさんの書物が読める。それによって、数多くの知識が吸収でき、今後

の人生に役立てることができる」

西郷のこの姿勢が倒幕・明治維新に大いに役立ったのはいうまでもありません。

そして、この発想法は孤独を感じたときの他の場面にも応用できます。

たとえば、「恋人がいない。結婚相手が見つからない。だから寂《さび》しい」という思いにかられ、孤独を感じたら、次のように解釈するようにするのです。

「そのおかげで、独身貴族を楽しむことができる」

「結婚すると、自由に行動できなくなるし、自由にお金が使えなくなるが、独身でいれば、好きなときに好きな場所に旅行にも行けるし、好きなときに好きなモノを買うこともできる」

こう考えれば、独身であることが人生の楽しみそのものに思えてきます。

「独身・イコール・孤独」の方式が「独身・イコール・幸せ」の方式に転じるのです。

ポイント

孤独であることを自分に都合良く解釈したり、結果として自分の人生にプラスになっていると考えるクセをつける。

孤独を感じたら、
心の色メガネをかけていないかチェックする

社会心理学の専門用語に「確証バイアス」という言葉があります。

確証バイアスとはわかりやすくいうと、自分の先入観や固定概念だけで他人を観察・判断しようとする一種の思い込みのことです。

たとえば、A子さんが得意先の人と道ですれ違ったら、自分が会釈したにもかかわらず、相手が無視して通り過ぎていったとします。

このとき、A子さんが「私は得意先の人から嫌われたのかもしれない」と思い込んだとします。

しかし、得意先の人が無視して通り過ぎていった本当の理由が、たまたまコンタクトをつけ忘れたため、また、本当に気がつかなかったとしたら、A子さんの思い過ごしということになります。

要するに、心に色メガネをかけ、**物事を自分勝手にマイナスに解釈する心理作用のことを確証バイアスという**のです。

そのことを意識して、「最近、恋人から連絡がこない」「今年は親しくしている知人から忘年会に招待されなかった」といったことで孤独を感じた場合、心に色メガネをかけていないか、自分の心のうちをチェックしてみるといいと思います。

たとえば**恋人が連絡をくれないのは、仕事が忙しいから**かもしれません。

また、**風邪をひいたため、寝込んでいる**可能性があります。

親しくしている知人から忘年会に招待されないのは、ついうっかり、連絡をし忘れた可能性もあります。

あるいは、**忘年会そのものをやらなかった**可能性があります。

そう考えると、いずれも**取るに足らない取り越し苦労であることが認識でき、心の中のマイナスの感情は少しずつ減り始める**ようになります。

それによって孤独に強くなれると思います。

ポイント

> **物事を自分勝手にマイナスに解釈しない。**

孤独を感じたら、神様は見てくれていると考える

孤独を感じるときのパターンの一つとして、一生懸命仕事をしても、誰からもほめてもらえなかったり、評価されなかったときが挙げられます。

こういうとき、「こんなに頑張ったのに……」と寂しい気持ちでいっぱいになります。

その感情を放っておくと、心がどんどんマイナスに傾いていき、心にマイナスの感情が増えるようになります。

そういうときは、「神様は見てくれている」と考えるといいと思います。

ある有名な料理人の話です。

彼は若いころ、日本料理店で見習いとして働き、昼過ぎに「まかない飯《めし》」（従業員の食事）作りを任されていました。

しかし、一生懸命作っても、誰も美味しいと言ってくれません。

むしろ、「今日は味が薄いぞ（濃いぞ）」と文句を言う先輩までいます。

それでも、毎日、グチ一つこぼすことなく、ひたすら黙々と作りつづけました。

すると、二年後、新しく赴任してきた板長（料理人のトップ）から、こう言われたのです。

「君がまかない飯で作る煮物は美味しいから、今日からお客様に出す煮物の担当を任せよう」

彼はプロの料理人として、ようやく認められるようになったのです。

この例にもあるように、**神様はちゃんと見てくれています。**

頑張っている人を無視したりはしません。

いつか、ご褒美を授けてくれるのです。

そのことを認識すれば、**一生懸命仕事をしても誰からもほめてもらえなかったり、評価されなくても、孤独に打ち勝つだけの勇気が持てる**ようになるでしょう。

ポイント

神様は頑張っている人にいつかご褒美を授けてくれる。

孤独を感じたら、「人生の意味」を読み解く

二〇世紀のオーストリアの心理学者ヴィクトール・フランクルは次のような言葉を残しました。

「人間は生きる意味を問われる存在である」

つらい出来事や悲しい出来事に見舞われるなど、マイナスの現象に遭遇することには、何かしらの意味がある。生き方を見つめなおす良い機会であるというのです。

したがって、さまざまな理由で孤独を感じたときは、**「これには意味がある。神様が良い方向に人生を導いてくれている」**と解釈してみてはどうでしょう。

たとえば「自分には恋人がいない。結婚相手になかなかめぐり会えない」という思いで寂しさがこみあげてきたときです。

この一点だけを見つめれば、孤独を感じます。

それによって、心の中はマイナスの感情が増えていきます。

そこで、そういうときにこそ次のように考えてみるのです。

「今は恋人とつきあったり、結婚する時期ではないと、神様がシグナルを送ってくれているのだ」

「今は仕事のスキルを上げなさい、仕事を第一に優先しなさいと、神様がメッセージを送ってくれているのだ」

また、友達が誰も遊びに誘ってくれないので、孤独を感じたときも同じです。

「友達と遊びに行くと、お金がかかってしまう」

「自分にはいつか起業したいという願望がある。そのための資本金を今のうちにためておきなさいという神様からのサインなのかもしれない」

このように思考のスイッチを変えれば、何事も神様の計らいのように思えてきます。

それによって、**「孤独」が「希望」「期待」へと転じる**ようになり、心の中はプラスの感情で満たされるようになるのです。

ポイント

孤独であるのは、神様が良い方向に人生を導いてくれているからである。

孤独を感じたら、「知足の精神」を意識する

「友人たちはマイホームを持っているのに、私だけ未だに借家住まいだ」
「同僚は最新の液晶テレビを持っているのに、自分だけ古いテレビを観ている」
「みんな車を持っているのに、自分だけ車を持っていない」

このように、持ち物に関して他者と比較して劣等感を感じたときも、孤独感に陥りやすくなります。

そういう人をいましめるかのように、平安時代の天台宗の僧・源信は著書『往生要集』の中で次のように述べています（意訳）。

「たくさんお金やモノを持っていても、足りないと思っている人の心は貧しい。しかし、それほどお金やモノがなくても、これで十分と思っている人の心は富んでいる」

その通りといっていいでしょう。

持ち物一つとっても、上を見ればキリがありません。

「あの人たちはあんなに良いモノを持っている……。うらやましい……」ということ

ばかりに心を奪われてしまうと、不満が生じるようになります。

その不満の感情を放置しておくと、孤独感につながっていってしまいます。

これに対し、孤独を感じることなく、心安らかに生きられる人はいつもこう考えています。

「これがあれば十分。これがあるだけでも便利だし、大変ありがたい」

要は、**今ある恵みに感謝し、「知足」の精神で生きている**のです。

したがって、持ち物について他者と比較して孤独を感じたときは、**「今あるものだけで十分、十分」と自分に言い聞かせてみる**といいのです。

そうすれば、**他人との比較によって生じたつまらないこだわりのようなものが溶け出すようになり、そのことで孤独を感じることもなくなる**ようになります。

ポイント

「今あるものだけで十分、十分」と自分に言い聞かせる。

孤独だからこそ、ありがたいことが見えてくる

明治から昭和の時代にかけて、山田無文《むもん》という臨済宗の高僧がいました。

無文が修行を始めたのは二〇歳のときでしたが、修行があまりにも厳しくて結核にかかってしまったことがありました。

当時の結核は不治の病とされ、医師からも「そう長くは生きられない」と余命宣告を受けてしまったのです。

そのため、孤独な療養生活を送るようになったのですが、ある日の朝、久しぶりに寝床から離れて庭に出ると、涼しい風がそよそよと頬《ほお》をなでました。

無文はそのとき、ふとこう思ったといいます。

「風とは何ぞや。風とは空気。空気は自然。その空気を朝から晩まで吸って自分は生きている」

すると、彼の目から涙がポロポロと流れてきました。

「私は一人ではない。孤独ではない。私は〝ありがたくて大きな力〟によって守られ、

生かされている。だから、私の病気は必ず治る」

それから間もなくして奇跡が起こりました。結核が完治したのです。

この話にもあるように、孤独だからこそ、ありがたいことが見えてくることもあるのです。

一人寂《さび》しく暮らしているといっても、故郷に帰れば自分のことを誰よりも愛してくれる両親や兄弟姉妹、親戚の人がいるでしょう。

職場に行けば、何かと慕ってくれる後輩もいるでしょう。

「お金がないから友達と旅行に行けない」という思いにかられ、孤独を感じても、食べられるモノがあるし、住む家だってあります。

こう考えれば、**たくさんのありがたいことに囲まれている自分が認識できる**ようになり、孤独感も薄れていくに違いありません。

ポイント

たくさんのありがたいことに囲まれている自分を認識する。

第2章

夢・願望を持つと孤独に強くなる

夢・願望は孤独に強くなるための最良の栄養剤！

「恋人と別れた……」

「可愛がっていたペットが死んでしまった……」

「今日は休日で家の中で一人きり……。誰からも電話（メール）が来ない」

等々。


こういう寂《さび》しい思いにかられ、孤独を感じる人には一つの共通点があります。

それはいずれも「過去」と「今」に意識を向けていることです。

別れた恋人（過去）のことを思うから孤独を感じる――。

可愛がっていたペット（過去）のことを思うから孤独を感じる――。

誰からも電話（メール）が来ない（今）ことを思うから孤独を感じる――。

しかし、それだと心はどんどんマイナスに傾いてしまいます。

そうならないためには、「過去」や「今」に向いている意識を「未来」に向けるといいと思います。それも明るい未来にです。

そのためには、夢・願望を掲げるのが一番です。

「夢を持つことほど、ダイナミックで建設的な意識改革はありません」

「夢は心の進路を、孤独から希望へと切り替えてくれます」

これは二〇世紀のアメリカの宗教家ロバート・シュラーの言葉ですが、**夢・願望を掲げると、この先の人生に大きな張り合いが生まれる**ようになります。

この先の**人生に大きな張り合いが生まれれば、毎日が楽しくなります。イキイキとしてきます。**

前向きに考え、前向きに行動できるようになります。

すると、心がいつもポジティブな状態になり、孤独を感じなくなるのです。

その意味で、夢・願望は孤独に強くなるための最良の栄養剤といってもいいでしょう。

ポイント

人生に大きな張り合いが生まれれば、心はいつもポジティブな状態になり、孤独を感じなくなる。

孤独のおかげで自分らしい夢・願望が明確になる

夢・願望というと、次のようなことを連想する人が少なくありません。

「あの人みたいに起業家として大成功をおさめたい」

「あの人みたいに高級なタワーマンションに暮らしたい」

「あの人みたいに世界中を旅行してみたい」

等々。

いずれにも共通していえるのは、「あの人みたいに……」という〝比較する相手〟が存在することです。

しかし、ここに大きな落とし穴があります。

「あの人みたいに……」というのは憧れにほかならないため、そこには自分らしさがないからです。

自分らしさがないと本気にはなれません。

本気になれないと、熱意も行動力も湧いてはきません。

すると、ちょっとしたことでも挫折してしまうようになります。

そこで、**一人になる時間を大切にして「そうなることが本当に自分らしい生き方につながっていくか」をチェックしてみる**必要があります。

あえて孤独になることで、「あの人みたいに……」という思いを断ち切り、自分が目指そうとしているものが本当にこれでいいのかをじっくりと吟味してみるのです。

そうすれば、それが純粋な欲求であるかどうかがはっきりと見えてきます。

もし、それが**心から望んでいる純粋な欲求であれば、ほとばしるような情熱が湧いてきます。そうなるために、今すぐにでも行動を起こしたくなります。**

その夢・願望こそが本物です。

その意味で、**孤独でいることは、自分が心から望むことを見極めるための最高の時間**でもあるのです。

ポイント

一人になる時間を大切にして「そうなることが本当に自分らしい生き方につながっていくか」をチェックしてみる。

孤独でいると、周囲の雑音が遮断できる

孤独になると、心から望んでいる純粋な欲求、すなわち自分らしい夢・願望が見えてきます。

その他に、**孤独になることには、もう一つ大きな利点**があります。

それは**周囲の雑音が遮断《しゃだん》できる**ことです。

夢・願望をかなえようとする過程において、一番の大敵は周囲のネガティブな意見に惑わされることです。

「あなたの考えは甘い」

「この厳しい時代に脱サラ・起業しても、うまくいくはずがない」

「あなたには無理だ。不可能に決まっている」

等々。

すると、自分でも「やっぱり、失敗するかもしれない」と思い始め、自信を失うようになります。

その結果、夢・願望を描くことをいつしか忘れてしまい、厳しい現実の中でしか物事を考えられなくなります。

仮にチャレンジしても、ちょっとでもうまくいかないと、挫折感にかられ、あきらめようとします。

しかし、**「孤独だからこそ、雑音が遮断できる」と考えるようにすれば、周囲の人たちのネガティブな意見に惑わされずにすみます。**

したがって、**心がマイナスに傾き、自信を失うこともありません。**

「私はできる。大丈夫。必ずなし遂げてみせる」という強い意志と熱意を保つことができます。

そう考えると、**孤独だからこそ、信念を強めることができるし、夢・願望もかなないやすくなる**といっていいのではないでしょうか。

ポイント

孤独だからこそ、信念を強めることができる。

孤独を感じたら、こうなればいいなあということに意識を向ける

夢・願望というと、壮大な計画を思い浮かべる人もいると思います。

「世界をまたにかけて活躍するミュージシャンになる」

「世界的に有名な建築家になる」

「村上春樹のようなベストセラー作家になる」

等々、夢を抱くことは心をプラスにするのでとてもいいことです。

しかし、どうしても実現したい夢の場合、あまりにも現実とかけ離れていると、いまいち本気になれません。

何から手をつけていいのかもわからなくなります。

そういうときは、いきなり大きな夢・願望を描こうとはせずに、「こうなればいいなあ」という小さなことに意識を向けてみるのです。

●普段コンビニの安いスイーツしか食べていない人は、高級スイーツを食べることを願望として掲げてみる。

●肩が凝ったとき、整骨院で施術してもらっている人は、高級スパでマッサージを受けることを願望として掲げてみる。

●アパート暮らしの人は、マンションで暮らすことを夢・願望として掲げてみる。

要するに**日常生活で不便を感じていたり、我慢をしていることが夢・願望であってもいい**のです。

そうしたことに思いをはせれば、明るい気持ちになり、胸がどんどんときめいていきます。

胸がときめけば、つらいことや悲しいことがあっても、さほど孤独感を感じることはありません。

それは心の状態がマイナスからプラスに切り替わったからなのです。

ポイント

今はできないけれど、いつかしてみたいことに意識を向けると、明るい気持ちになり、胸がときめく。

孤独を感じたら、
自分の使命を考え、夢に置き換える

二〇世紀の思想家で政財界の人たちから「人生の師」と慕われた中村天風は次のような言葉を残しました。

「人間は進化と向上という偉大で尊厳な宇宙法則を現実化させるために、この世に生まれてきた」

わかりやすくいうと、**「人間は宇宙から、その人ならではの使命というものを与えられている。その使命をまっとうしていくことで、その人の人格、ひいては魂は向上していく」**というのです。

いっぽう、ブッダ（お釈迦様）も弟子たちに次のように語ったといわれています。

「人が嫌うミミズや昆虫のような動物にも使命がある。彼らがいてくれるおかげで豊かな土壌が作られる。そのおかげで草花や野菜が育ち、それを口にすることで、人間は生命を保つことができる」

ミミズや昆虫のような動物でさえ使命があるとしたら、**人間に使命があるのは当然**

のことであるとブッダは言うのです。

「私は誰からも必要とされていない……」

「誰も私のことをほめてくれない……。認めてくれない……」

こうしたことで**孤独を感じたら、**天風の言葉をヒントに**自分の使命を考え、それを夢・願望に置き換えてみる**といいと思います。

それは起業家として社会に貢献することかもしれません。

クリエイターやアーティストになって、人々を感動させることかもしれません。

医者や弁護士となって、人を救うことかもしれません。

教育者として、人を育てることかもしれません。

いずれにしても、**その使命に気づき、これからの人生の夢に置き換えていけば、生きる勇気が湧いてきて、孤独感などいっぺんに吹き飛んでしまうようになる**でしょう。

ポイント

使命は生きる勇気をもたらしてくれる。使命に気づくと生きる勇気が湧いてくる。

まずは一週間以内でかないそうな願望からトライする

「高原でペンションを経営したい」
「弁護士の資格を取得したい」
「タワーマンションに住みたい」
「ＩＴ関連の会社を設立したい」

　こうした夢・願望を掲げてアクションを起こしても、思い通りにいかないと、「やっぱり私には無理だ」「結局、自分はダメな人間なんだ」というマイナスの思いがこみあげてきます。

　その感情を放置しておくと、むなしさや寂《さび》しさでいっぱいになり、再び孤独感に陥ってしまうこともあります。

　そうならないためには、まずはウォーミングアップを兼ねて、一週間以内でかないそうな等身大の願望からトライしてみるといいと思います。

たとえば英検一級を取りたいとします。

そうしたら、まず英検三級からトライしてみるのです。英検三級に合格したら**達成感を存分に味わう**ことです。

達成感を味わえば、明るく快適な気分になれると同時に、**孤独感の元となるダメ意識が消滅し、もっと頑張ろうという意欲も湧いてくる**ようになります。

すると、自分でも気がつかないうちに、**孤独のほうがその人から遠ざかっていってしまう**ようになるでしょう。

ポイント

等身大の願望をかなえることで達成感を味わう。

夢・願望をかなえるアクションをつづければ、孤独にならない

孤独を感じるのはどんなときでしょうか。

人によってさまざまですが、部屋の中で一人でボーッとしている時間が多いと思います。

しかし、**一人でいる時間、いろいろとやらなければならないことがあれば、意識がそちらに向かうため、孤独を感じることもありません。**

そこで、意識を孤独に向けないための方法の一つとして、夢・願望をかなえるアクションを起こし、孤独を感じるたびに、それを日課にするといいと思うのです。

●公認会計士になりたい人は国家資格を取るために、一人でいる時間を試験勉強に当てる。

●ハワイに行きたい人はガイドブックを読んだり、英会話のレッスンに励む。

●パティシィエ（洋菓子職人）になりたい人は、料理の本を見ながら、お菓子を作る。

孤独を感じると、そのことだけに意識が向いてしまいます。

それによって、心はマイナスに傾いてしまいます。

しかし、**夢・願望をかなえるアクションを起こせば、そちらに意識が向かうため、「孤独である」という思いが薄れる**ようになります。

むしろ、**「夢・願望の実現に向けて、なすべきときになすべきことをしている」という充実感・満足感がこみあげてきて、心はプラス**になります。

しかも、**実際にアクションを起こすわけですから、夢・願望の実現の可能性も大幅に高まる**ようになります。

結果として、夢・願望をかなえるアクションをつづけることも、孤独に強くなるために大切なことといえるのです。

ポイント

「夢・願望の実現に向けて、なすべきときになすべきことをしている」という充実感・満足感を大切にする。

願望を二～三個掲げると、孤独を感じなくなる

行動心理学に「複数認知安堵効果」という専門用語があります。

たとえば、打ち合わせで、A地点からB地点に行かなければならないとします。一番の近道は地下鉄に乗ることです。

この地下鉄が人身事故等の影響で動かないとき、別の地下鉄とJRを使えば、A地点からB地点に到達することができます。

それもダメなときは、私鉄とバスを使えば、A地点からB地点に到達することができます。

このようにあらかじめ複数の交通ルートを頭に入れておけば、一つの交通機関に乱れが生じても、うろたえることはありません。

要するに「複数認知安堵効果」とは、問題が起きたとき、複数の解決方法を考えておけば、精神的に余裕が生じるという意味なのです。

そして、この**「複数認知安堵効果」は、孤独を感じたとき、それに打ち勝つうえで**

も大いに役に立ちます。

たとえば、ある人に支店長に昇格するという願望があったとします。

しかし、それに失敗し、他の同僚たちが支店長になったとします。

すると、自分だけ取り残されたような気分になり、孤独を感じるようになります。

ただし、その人にこのほかに**「税理士になる」という願望や「海外に旅行に行く」という願望があれば意識がそちらに向く**ようになります。

そのため、**必要以上に落ち込むこともないし、孤独を感じることもありません。**

ましてや**税理士になることができたら、自信も強まり、支店長に昇格できなくても、前向きな気分でいられる**ようになります。

結論として、願望を二〜三個、掲げておくことも、孤独に強くなるために大切なことといえるのです。

ポイント

複数認知安堵効果を意識する。

孤独を感じたときは、夢・願望をイメージする

一九世紀のアメリカの思想家ヘンリー・D・ソローは次のような言葉を残しました。

「一人でボーッとしている時間は毒にもなれば薬にもなる」

ソローの言う通りといっていいでしょう。

一人でボーッとしていると、人によっては「誰も相手にしてくれない」「世の中から取り残されてしまうのではないか……」という思いがこみあげてきて、孤独を感じやすくなります。

これだと、心の中はマイナスの感情でいっぱいになります。

これに対し、**一人でボーッとしているときでも、「楽しい」「愉快だ」「ワクワクする」「胸がときめく」といった快適な気分で過ごす**ことができれば、孤独を感じることもなくなり、心の中はプラスの感情でいっぱいになります。

そのためには、夢や願望がかなったシーンをイメージすることが大切です。

「願望がかなったところを空想すれば、その喜びを実際に体験することができます」

これは二〇世紀のアメリカの牧師、ジョセフ・マーフィーが提唱した方法ですが、**願望がかなない幸福感に浸っているシーンをありありと思い浮かべると、それが実体験のように思えてきて快適な気分になる**のです。

そこで、南の島に旅行に行きたい人は、エメラルドグリーンの海の中を泳いでいるシーンをイメージしてみるのです。

自分の名前で本を出したい人は、「出版おめでとう」と周囲の人たちから祝福されているシーンや、書店で自分の本が平積みになっている光景をイメージするのもいいかもしれません。

そのとき**ワクワクした気分になれればしめたもの**です。

そうなれば**一人の時間が楽しくて仕方なくなる**かもしれません。

ポイント

一人でボーッとしているときは、「楽しい」「愉快だ」「ワクワクする」「胸がときめく」といった快適な気分で過ごす。

孤独を感じたら、五感を刺激する

行動心理学の研究によると、人間がキャッチする情報の九割は視覚や聴覚から受け取っているといわれています。

小さな子猫や子犬を見て「可愛い」と思うのは、視覚を通して、守ってあげたいという保護的な感情、言い換えると愛情がこみあげてくる証拠です。

車のクラクションが鳴る音を聞いて、よけようとするとっさの判断も、危険を聴覚を通して察知した証拠です。

つまり、五感と感情は結びやすく、それによって心はプラスにもなればマイナスにもなるのです。

そこで、**孤独を感じたときは、願望をイメージするほかに、願望を思い出すことで五感を刺激し、心をプラスの状態に導いていく**方法もあります。

ハワイに旅行に行きたければ、ワイキキビーチの写真を眺めたり、ハワイアンミュージックを聴く……。

ログハウスを建てたければ、お気に入りのログハウスの写真を眺める……。

あるいは、**孤独を感じたら、じっとしていないで、夢・願望に関係する場所に出かけてみる**のもいいでしょう。

ベトナムに行きたければ、ベトナム料理のお店に行き、ベトナム料理を味わう……。

マンションが欲しければ、モデルルームに足を運んでみる……。

そうすれば、**孤独を感じても、「私にはこんな夢・願望がある」ということで、なりたい自分が再認識できる**ようになります。

「過去」や「今」に向いている意識が「明るい未来」に向かうようになります。

先の人生に希望が持てるようになります。

それによって、心の中はプラスの感情でどんどん満たされていくようになり、孤独感など瞬く間に消え去っていくに違いありません。

ポイント

夢・願望を思い出したり、夢・願望に関係する場所に出かけてみる。

気の合う仲間と共通の夢・願望を持つと、孤独に打ち勝てる

夢・願望の実現に向かってアクションを起こしても、思い通りに進展しないと、「やっぱり、ダメかもしれない……」というマイナスの思いになり、孤独感に陥ることもあると思います。

そうならないための一つの方法として、気の合う仲間と共通の夢・願望を掲げ、二人三脚で邁進していくのもいいかもしれません。

気の合う仲間と共通の夢・願望の実現に向けて突き進んでいけば、**励まし合い、支え合い、助け合えるだけでなく、喜び合うという感情が共有できるため、孤独感に陥る頻度が激減**していくからです。

学生時代からの親友であるA子さんとB子さんがいました。

二人には夏休みにバリ島に行くという共通の願望がありました。

そこでどうしたかというと、お互い頻繁にメールなどで連絡を取り合っては、「旅費をためるために無駄遣いをするのはやめようね」と励まし合ったというのです。

いっぽうで、週一回のペースで会うようにして、

「バリ島に行ったら、何を食べようか」

「お土産は何を買おうか」

といった話題で夢を膨らませ、会話を盛り上げたといいます。

その結果、半年後には、二人仲良く念願のバリ島に行く夢をかなえることができたのです。

この例にもあるように、**共通の夢・願望を持っている仲間がいれば、「私一人ではない」という感情がこみあげてきて、連帯意識が強まるため、孤独感に陥らず**にすみます。

力を合わせて頑張ろうという気にもなれます。

ましてや**共通の夢がかなったときの喜びはひとしお**になるに違いありません。

ポイント

「私一人ではない」という感情を大切にする。

第3章

一人の時間を楽しむと孤独に強くなる

孤独を感じたら、楽しみに意識を向ける

江戸時代の儒学者・貝原益軒は著書『養生訓』の中で次のようなことを述べています（意訳）。

「いつも楽しんで人生を送ることが大切だ。たとえ家が貧乏で、餓死する心配があっても、人生は楽しんで過ごすべきである」

家が貧乏で、餓死する心配があっても、人生を楽しむべきだとしたら、孤独を感じたときも同じです。

いや、孤独を感じたときこそ、人生を楽しむべきではないでしょうか。

これにはキチンとした理由があります。

意識を楽しみに向けると、今この瞬間という時間が快適な気分になるため、心の中のプラスの感情が増大し、孤独であることを忘れるからです。

また、**脳内にドーパミンやセロトニンといった快適な気分にしてくれるホルモンが分泌される**ことも近年の研究で明らかになっています。

この人生を楽しむ習慣を身につけていたのが、江戸時代の曹洞宗の僧・良寛です。

良寛は一人でいるのが寂《さび》しくなり、孤独を感じると、いつも村に托鉢《たくはつ》に出てまわったといいます。

といっても、托鉢はあくまで名目上で、村の子供たちと遊ぶためです。

そのため、子供たちとの遊びに夢中になると、托鉢のことなどすっかり忘れてしまうことがたびたびあったのです。

それでも、良寛は子供とたくさん遊べたため、大いに満足し、托鉢で食べるものが得られなくても、ニコニコしながらお寺に戻ったといいます。

人生はたったの一度きりです。

泣いても笑っても、刻一刻と時間は過ぎ去っていきます。

孤独に強くなるためには、私たちもその**貴重な時間を楽しみに変えたい**ものです。

ポイント

意識を楽しみに向けると、今この瞬間という時間が快適な気分になる。

孤独を感じたら、小さな楽しみを味わうことからスタートする

孤独を感じたら、楽しみに意識を向ける。

すると、今この瞬間という時間が快適な気分になる。

そうはいっても、難しく考える必要はありません。

「何を楽しんでいいのかわからない」という人は、小さな楽しみを味わうことからスタートすればいいと思います。

江戸時代後期の歌人に橘曙覧《たちばなのあけみ》という人がいました。

彼は楽しみを大げさにとらえることなく、日常生活の身近なところから見つけ出すことで、次のような歌をたくさん残しています（意訳）。

●楽しみは、貴重な書物を他人から借りて、最初の頁をめくったときにある。

●楽しみは、気の許せる友達と語り、爆笑したときにある。

●楽しみは、昨日まで咲いていなかった花が、朝起きたときに咲いているのを見た

瞬間にある。

●楽しみは、滅多に見かけない鳥が遊びに来て、庭先の木に止まって鳴いたときにある。

このように、**楽しみを味わうといってもおおげさに考える必要はない**のです。

好きな役者やタレントが出演しているテレビ番組を観る。

寒い日は大好物の鍋料理を食べる。

可愛い犬の動画を観る。

お気に入りのカフェでお茶を飲む。

こういった**日常のありふれた楽しみを味わうだけでも、孤独感が解消できる**ようになるのです。

ポイント

日常のありふれた楽しみを味わう。

お楽しみリストを作る

孤独を感じたら、日常のありふれた楽しみを味わうことが大切です。

しかし、それだけでは飽きてしまい、再び孤独を感じてしまうこともあるかもしれません。

そういう場合は、「お楽しみリスト」を作ることをおすすめします。

「これは楽しめそうだ」

「これをやったら気分が爽快になる」

そう思えるものを片っ端からリストアップしていくのです。

たとえば、次のようにです。

- **家の近くにある健康ランドに行く。**
- **ダンススクールに通う。**
- **退社後、ウィンドウショッピングを楽しむ。**

●お気に入りの入浴剤を入れてバスタイムを楽しむ。
●趣味のサークルに参加する。
●お気に入りのクラシック音楽を聴きながら、スイーツを味わう。
●友達と会って、夕飯を一緒に食べる。

このときに大切なのは、**楽しみながら、プランを立てる**ことです。

すると脳内にドーパミンやセロトニンといった快適な気分にしてくれるホルモンがたくさん分泌されるようになります。

そして、**日々の生活に希望が持て、明日への活力となります。**

それによって、**孤独感がどんどん薄れていくのが実感できる**ようになるでしょう。

ポイント

「これは楽しめそうだ」「これをやったら気分が爽快になる」と思えるものを片っ端からリストアップしていく。

一人だからこそ、お金が有意義に使える

人と一緒に行動していると、何かとお金を浪費しがちです。

友達とどこかに遊びに行けば、かなりのお金を使うこともあるでしょう。

高級レストランで食事をすれば、それ相応の金額になると思います。

しかも、そのときの食事があまり美味しくなければ、満足感が得られないだろうし、食事代が「死に金」のように思えてきます。

ましてや、友達と一緒にミュージカルやコンサートを観に行こうものなら、数千円というお金が瞬く間に飛んでいってしまいます。

こういうことでしょっちゅうお金を使っていたら、お金はいくらあっても足りなくなってしまいます。

サラリーマンであるなら、給料日前につらい思いをすることになりかねません。

しかし、一人でいる時間が多いと、そういうことでお金を浪費しないですみます。

そこで、一人でいるときに孤独を感じたら「一人だからこそ、お金が有意義に使え

る」と考え、そのお金を自分だけの楽しみに当ててみてはどうでしょう。

●読みたい本を買う。
●スパへ行く。
●スイーツを買う。
●お気に入りのアーティストの音楽ＣＤを買う。
●美術館や博物館に行く。

このように、**他人と交わることなく、節度を守りながら、自分一人で自分の楽しめることだけにお金を使う**ようにするのです。

そうすれば、**孤独感がどんどん薄れ、楽しい気持ち・快適な気持ちでいっぱいになり、心の状態もマイナスからプラスへと切り替わる**ようになるでしょう。

ポイント

自分一人で自分の楽しめることだけにお金を使う。

孤独を感じたら、童心に返って遊んでみる

禅の世界に「返本還源《へんぽんげんげん》」という言葉があります。

わかりやすく解釈すると、人は人間的に成長するにしたがって、小さな子供のように純粋無垢《じゅんすいむく》になるという意味です。

良寛和尚が村の子供たちと無心になって遊んだのも、この返本還源の境地に達していたからなのでしょう。

ところが、現代人の多くは、大人になるにつれ、童心に返って遊ぼうとはしなくなりました。

しかし、童心に返って遊ぶことも若返りには必要です。

そこで、孤独を感じたら、**返本還源を意識して、童心に返って心から遊んでみる**のもいいと思います。

- **ギターを演奏する。**
- **プラモデルを作る。**

●公園のブランコに乗る。
●遊園地や動物園に足を運んでみる。

このように、**子供のころ、心底楽しめた体験を思い出し、それをもう一度、再現してみる**のです。

すると、感性が刺激を受けるため、子供のころに体感した**「本来の快適感覚」が取り戻せる**ようになります。

本来の快適感覚が取り戻せたら、それが**楽しみに思えてきて、日々の生活の励みになります**。

その意味で、童心に返って遊んでみることも、孤独に強くなるための大切な要素なのです。

ポイント

子供のころ、心底楽しめた体験を思い出し、それをもう一度再現すると、本来の快適感覚が取り戻せる。

孤独のグルメを楽しむ

『孤独のグルメ』という漫画を原作としたテレビドラマ（テレビ東京系）が好評を博し、シリーズ化もされました。

仕事の合間に立ち寄った店で、主人公の男性が一人で食事を楽しむシーンをドキュメンタリータッチに描いたものです。

この一人で食事を楽しむというのは、ある意味大切なことです。

たとえば、AさんとBさんとCさんの三人が一緒に食事に行ったとします。

Aさんはベジタリアンで、Bさんは肉料理が大好きで、Cさんは中華料理が大好きだとします。

こういうとき、三人のうち二人は妥協しなければなりません。

もし、Aさんに合わせようとすると、BさんとCさんは食事が楽しめません。

Bさんに合わせようとすると、AさんとCさんが食事を楽しめなくなります。

Cさんに合わせようとすると、今度はAさんとBさんが食事を楽しめなくなります。

しかし、**一人ならば誰にも気兼ねすることなく食事を楽しむことができます。**

それによって快適な気分になれます。

そこで、**孤独を感じたときは一人グルメを味わう**のもいいと思うのです。

給料が入った日は、ちょっとだけ贅沢をして、ホテルのビュッフェを味わうのもいいでしょう。

高級なイタリアンのお店で大好きなパスタを食べるのもいいでしょう。

家庭料理が食べたいなあと思ったら、和定食を食べるのもいいでしょう。

週に一回や二回でもかまいません。

こういう時間を定期的に設ければ、孤独であることが最高に思えてくるようになるでしょう。

ポイント

一人ならば誰にも気兼ねすることなく食事が楽しめる。

孤独を感じたら、自然とふれあう

孤独感に陥ると、たいていの人は家の中で、こもりがちになります。

しかし、こもればこもるほど、

「一人だけ取り残されていく……」

「自分は誰からも必要とされない」

「誰も私のことを気にかけてはくれない」

「誰も私の大変さを理解してくれない」

といったようなマイナスの感情でいっぱいになります。

そうならないためには、思い切って外出し、自然とふれあうことをおすすめします。

自然には、日常生活の中でたまったストレスや疲労を緩和してくれるほか、孤独感を解消してくれる効果があるからです。

近年の研究によると、都会から離れて美しい景色を眺めているだけでも、呼吸が深く静かになったり、免疫力が高まることが明らかにされています。

また、森林からはフィトンチッドという物質、滝や川や海からはマイナスイオンという物質が放出されていて、どちらも心身を癒やしてくれる作用があります。

そして、**自然とふれあえば、「自分はけっして一人（孤独）ではない。自然の力によって生かされている。自然の力によって支えられている」と心の底から思えてきます。**

すると、**生きる活力が湧いてきます。これからの人生に張り合いが持てます。心の中はプラスの感情でみなぎる**ようになります。

つまり、孤独感に打ち勝てるようになるのです。

したがって、孤独を感じたときは、海でも山でもいいので、自然に囲まれた場所に出かけることをおすすめします。

ポイント

自然とふれあえば、自分はけっして一人ではないことが認識できるようになる。

孤独を感じたら、明るい気持ちになる音楽を聴く

行動心理学によると、人間の聴覚と感情は密接なつながりがあり、聴覚によって感情は良くも悪くも左右されるといわれています。

工事現場の騒音を聞けば、誰もが不快な気分になります。

小鳥のさえずる声や小川のせせらぎといった自然音を聴けば、誰もが快適な気分になります。

問題なのは無声音の状態です。

ある心理学者によると、**無音の状態が長くつづくと、人によっては孤独感に陥りやすくなる**といいます。

そこで**部屋に一人でいるときなどは、孤独感に陥らないために、音楽をかけてみる**のもいいと思います。

クラシック、ロック、ジャズ、歌謡曲等々、ジャンルは問いません。

「この曲を聴くと元気になる」

「この曲を聴くと明るい気分になる」

「この曲を聴くと勇気づけられる」

という曲を、自分なりにセレクトして、暇さえあれば聴くようにするのです。

逆に寂《さび》しい気分になる曲は、孤独なときに感情移入できるので、よりいっそう孤独感を増幅する効果があるので避けましょう。

「音楽は決して耳ざわりであってはならない。むしろ耳を満足させ楽しみを与えてくれる。つまり常に〝音楽〟でなくてはならない」（モーツァルト）

「音に打ちのめされて傷つく人はいない。それが音楽のいいところである」

（ジャマイカのレゲエミュージシャン、ボブ・マーリー）

これらの言葉を指針に、明るい気持ちになれる音楽を生活に取り入れていけば、孤独に強くなれると思います。

ポイント

無音の状態をなるべく作らない。

孤独を感じたら、笑うようにする

孤独を感じる理由は人によってさまざまです。

人によっては仕事のプレッシャーなどで孤独を感じる場合もあります。

たとえば、俳優の仲代達矢さんです。

仲代達矢さんは映画で主演を務めるときなど、しばしば孤独を感じることがあったといいます。

「もし、映画がヒットしなかったらどうしよう。監督、スタッフ、共演者をはじめ、みんなに顔向けができなくなる」

そう考えると、不安とともに寂しさがこみあげ、孤独を感じたというのです。

そういうとき、仲代さんは決まってテレビで「コント55号」が出演するお笑い番組を観たといいます。

意識的に笑うことで孤独感をまぎらわすためです。

すると、不安や寂しさが薄れ、前向きな気持ちになれたというのです。

実際、笑いには孤独感を打ち消す効果があります。

笑いは、喜びや楽しみといった〝快適な感情〟が表に現れ出たものにほかなりません。

その**〝快適な感情〟が孤独感を打ち消してくれる**のです。

また、笑いにはストレスを減らしたり、免疫力を高めるなど、身体に良い効果があることが、近年の研究で明らかになっています。

そこで、**日常生活に笑いを取り入れる**といいと思います。

- 仲代達矢さんのように**お笑い番組を観る。**
- **いつもユーモアを口にする人と会話をする。**
- **ときどき、落語や漫才などを聞きに行く。**
- **おもしろいイベントに参加する。**

こうした習慣を身につけておくことも孤独に強くなるための秘訣です。

ポイント

日常生活に笑いを取り入れる。

孤独を感じたら、プラスの言葉を口にする

孤独を感じるようになると、人によっては楽しいことすら、楽しく思えなくなってしまうことがあります。

そういうときは無理して意識を楽しみに向けようとしないで、形だけでもいいから、明るいプラスの言葉を口にするといいと思います。

言葉には、「言霊」といわれるように、それ自体にエネルギーがあるため、明るいプラスの言葉を口にすると、心にも好影響を与えてくれるからです。

方法もいたってシンプルです。

失敗して、孤独を感じたり、あるいは孤独を感じそうになったら、次のような言葉を意識的に口にするのです。

「できる。大丈夫。可能だ」

「いつも元気だ」

「未来はバラ色である」

「打つ手は無限にある」
「私は必要とされている」
また、楽しいことすら楽しく思えなくても、明るい言葉を口にしましょう。
●お笑い番組を観て、おもしろくなくても、「おもしろい」。
●食事をしていて、それほど美味しく感じなくても、「美味しい」。
●わずかしかボーナスが支給されなくても、「嬉しい」。

「言葉は私たちの生活に底知れない影響を与えている」

これは二〇世紀のアメリカの哲学者ジャック・アディントンの言葉ですが、**言葉と心はつながっています。**

そのため、**言葉を変えていけば、心の中はプラスの感情で満たされ、考え方や行動もそれに同化するようになり、それに伴い孤独にも強くなる**のです。

ポイント

言葉は私たちの生活に底知れない影響を与えている。

孤独を感じたら、生きがいにつながる趣味を持つ

楽しみにもいろいろありますが、その最たるものといえば、生きがいにつながる趣味を持つことだと思います。

昭和の大横綱・北の湖の例です。

横綱は角界の頂点に位置します。

そのため、横綱になると、責任感と重圧感が押し寄せてきます。

また、何よりも横綱には品格が求められます。

全力士の模範でなくてはなりません。

勝つのが当たり前で、負けても番付が下がらないぶん、休場がつづけば引退に追い込まれます。

その意味で、横綱は孤独な存在であるといっていいでしょう。

北の湖も例外ではなく、いっとき、孤独を感じたといいます。

この孤独感に打ち勝とうと、知人のすすめで陶芸を始めたところ、時間が経つのを

忘れるほど夢中になれ、楽しくてたまらなくなったというのです。

同時に、「心がなごみ、前向きな気分にもなれた」と後年、北の湖は語っています。

そこで、孤独になったら北の湖のように、生きがいにつながる趣味を見つけ、それに没頭する時間を定期的に設けてみることをおすすめします。

趣味の内容はいっさい問いません。

時間が経つのを忘れるほど夢中になれ、楽しくて楽しくてたまらないものであれば、何でもいいのです。

そうすれば、**「本心から望んでいることがやれる」ということで、心はプラスの感情でいっぱいになります。**

その結果、**日々の生活に張り合いが生じる**ようになります。

そうすれば、**孤独のほうが退散していく**ようになるでしょう。

ポイント

「本心から望んでいることがやれる」というプラスの感情で心を満たすと、孤独のほうが退散していく。

第4章

毎日の生活に動きをつけると孤独に強くなる

心の新陳代謝が活発になれば、孤独が克服できる

江戸時代初期の臨済宗の僧・沢庵にまつわるこんな逸話《いつわ》があります。

あるとき、沢庵のもとに一人の隠居した大名が訪ねてきて、こんな相談をもちかけたことがありました。

「家督《かとく》を嫡男《ちゃくなん》に譲り、隠居した途端、誰も訪ねてこなくなり、寂《さび》しい思いをしています……。毎日がむなしくて仕方がありません。いかがしたものでしょうか」

すると、沢庵は次のようにアドバイスをしたのです。

「沼の水が汚れているのは、水に動きがないからです。泉の水が清いのは絶えず底から新しい水が湧いてきて、動きがあるからです。

今のあなたは沼の水になりかけています。これからは泉の水のように生きなさい」

人間も水と同じで、**何もしないでじっとしていると、心がよどんでしまい、人によっては孤独を感じるようになります。**

しかし、**動きをつければ、心はよどむことなく、清いままでいられる。孤独を感じ**

ることもありません。

そう、沢庵は言いたかったのです。

実際、東洋医学でも、**日々の生活に動きをつけると、身体のみならず、心の新陳代謝も活発になる**と説いています。

心の新陳代謝が活発になれば、元気・活気・やる気が満ちてきて、心の中のプラスの感情はどんどん増えるようになります。

すると、**毎日が楽しくなり**ます。

人生に張り合いが持てるようになります。

それによって、マイナスのことを考えなくなります。

つまり、孤独にも打ち勝てるようになるのです。

したがって行動力を高めるのが一番なのです。

ポイント

日々の生活に動きをつけると、心の新陳代謝が活発になる。

孤独を感じたら、腰を軽くするクセをつける

日々の生活に動きをつけると、身体のみならず、心の新陳代謝も活発になります。

そのためには行動力を高める必要があります。

しかし、行動力がない人がいきなりそう言われても、具体的にどうしたらいいのか、わからないと思います。

そこで「自分は行動力がない」と思ったら、まずは腰を軽くするクセをつけるといいと思います。

行動力がない人は、「面倒くさい」「億劫《おっくう》だ」という感情が往々にして強いので、その感情に打ち勝つためのウォーミングアップとして、次のように**何かをすぐにやる習慣をつける**ようにするのです。

●食事をしたら、すぐに後片付けをする。

●ゴミが落ちていたら、すぐに拾って、ゴミ箱に入れる。

●留守電が入っていたら、時間を置くことなく、すぐに折り返し連絡する。

●手紙を書いたら、すぐにポストに投函する。
●日記や家計簿などは、その日のうちにつける。
●自炊をしている人は食材をまとめ買いしないで、その日の料理に合わせて、毎日こまめに買うようにする。
●トイレットペーパーがなくなりそうなら、スーパーに買いに行く。
●用事を作ってあえて外出する。

このようにすれば、**運動にもなります。外界の刺激を五感でキャッチする**ことになります。

ましてや、**外出先で知人とバッタリ会えば、会話をする機会にも恵まれます。**

こうした相乗効果によって、腰が軽くなるだけではなく、孤独感の克服にもつながっていくのです。

ポイント

何かをすぐにやる習慣をつける。

孤独を感じたら、とりあえず「ダメモト感覚」でやってみる

フランスに「卵を割らなければオムレツは作れない」という格言があります。

また、アメリカには「ソーダ水にアイスクリームを入れなければ、クリームソーダは飲めない」というユーモアがあります。

どちらも、**行動なくしていっさいの成果は期待できない**という意味です。

同様に、**行動を起こさなければ孤独感を解消できない**こともたくさんあります。

たとえば、「趣味がない。だから、休日は一人ぼっちで寂《さび》しい思いをしている……」ということで孤独を感じた人がそうです。

そういう人はダンススクールや英会話スクールに通ったり、釣りや囲碁を始めるなど、自ら積極的に行動を起こしていく必要があります。

そうすれば、素晴らしい仲間と、めぐり会うことができます。

ただし、今までそういう行動を起こさなかった人からすれば、積極的に動くことに勇気がいるのも確かなことです。

そこで、**行動を起こすときは「ダメで元々」くらいの軽い気持ちでトライしてみる**といいと思います。

パーティー等で行うビンゴゲーム（数字合わせのゲーム）がいい例です。

ビンゴゲームに参加するとき、「絶対に数字を揃えて勝つぞ。景品を取るぞ」と考える人はあまりいないと思います。

「数字が揃ったらいいな。数字が揃って景品がもらえたらいいな」くらいの軽い気持ちで、楽しんでゲームに参加するのではないでしょうか。

ですから、数字が揃わなくても落ち込むことはありません。

同様に、**「うまくいったら儲けもの」くらいの気持ちで行動を起こしてみる**のです。

そうすれば、**気負うことも緊張することもなく、案外、予想外の成果を出すことができる**かもしれません。

ポイント

行動なくしていっさいの成果は期待できない。
気負うことなく軽い気持ちで行動を起こそう。

五一パーセントの「やりたい感覚」を大切にする

「やらないで後悔するよりも、やって後悔したほうがいい」とよく言われています。

しかし、行動を起こすべきかどうか、ためらう人もいると思います。

とくに孤独を感じている人の場合、マイナスの感情が心の中にたくさんあるため、「やって、うまくいかなかったらどうしよう……」と悲観的に考えてしまうことになります。

そこで行動するべきかどうか迷うようなら、**行動することのメリット・デメリットをピックアップしてみる**ことをおすすめします。

たとえば、旅行に行きたくなったら、次のようにメリット・デメリットを思いつくまま書き出してみるのです。

〈メリット〉

素晴らしい景色が観られる。

郷土料理が食べられる。
温泉にのんびりとつかることができる。
お金がかかる。
〈デメリット〉
現地に行くまでが面倒くさい。

こうしてメリットのほうが少しでも多かったら、旅行に行ってみるのです。

初めのうちはメリットが五一パーセントであったとしても、六〇パーセント、七〇パーセント、八〇パーセント……と、次第に拡大していくようになります。

それによって、**孤独という灰色の人生は、喜びと幸せというバラ色の人生に塗り替えられる**ようになるでしょう。

ポイント

行動することのメリット・デメリットをピックアップしてみる。

一日一回、行動パターンを変えてみる

私たちは毎日ルーティーンにそって行動しています。

七時に起床して、八時に家を出る。

九時に出社して、一二時三〇分に昼食をとる。

夕方の六時に退社して、七時に帰宅する。

しかし、こうしたルーティーンにそった生活を繰り返していると、マンネリ気味になり、心もマイナスに傾いてしまいます。

「こんな毎日を送りつづけていいのだろうか……」と、自分だけ取り残されていくような気がして、孤独感に陥ってもおかしくはありません。

これはある意味、ずっと同じ姿勢で仕事をしていると、首や肩の筋肉が凝り固まってしまい、肩凝りの症状が起こるのと同じようなものです。

そこで心の凝り、ひいては**孤独感を〝ほぐす〟ためには、心のマッサージを行う**必要があります。

そのためのベターな方法として、行動パターンを変え、変化のある生活を送ってみることをおすすめします。

●普段、通らない道を通って通勤（通学）する。

●普段、行かない本屋に行ってみる。

●普段、滅多に食べない料理を食べに行く。

●今まで、やったことのないスポーツにチャレンジしてみる。

このように**変化のある生活を心がけていると、願ってもない情報が入手できる**かもしれません。

ヒョンなことから、**思いがけない知人と劇的な再会をする**可能性も十分ありえます。

そうすれば、**感動の連続で、孤独であることなど、すっかり忘れてしまう**ようになるでしょう。

ポイント

変化のある生活を心がけると、心の凝りがほぐれるようになる。

孤独を感じたら、非日常的な体験をしてみる

孤独を感じると、次のようなマイナスの感情が心の中に起こります。

「寂《さび》しい」
「むなしい」
「つまらない」

等々。

そのため、

「楽しい」
「愉快だ」
「気分が爽快だ」

といったプラスの感情がほとんど抱けなくなります。

後者のようなプラスの感情で心をいっぱいにするためには、何かの外発的動機づけが必要になってきます。

そのためには、**非日常的な体験をすることで、新鮮なショックと未知の感動を味わうのが一番です。**

●クラシックやロックのコンサートに足を運んでみる。
●美術館や博物館をめぐってみる。
●童心に返ってアミューズメントパークへ行ってみる。
●海外に行き、異国の文化とふれあう。

こうした非日常的な体験をすれば、**心がときめき、ウキウキ・ワクワクする回数が増える**ようになります。

「楽しい」「愉快だ」「気分が爽快だ」という感情が心にどんどん浸透していくようになります。

それによって、孤独であることなど、感じなくなってしまうに違いありません。

ポイント

新鮮なショックと未知の感動を味わうと、心がときめき、ウキウキ・ワクワクする回数が増える。

孤独を感じたら、新しい何かを始めてみる

ある男性の話です。

商社に勤めるその男性は、タイへ海外赴任を命じられたことがありました。

支社長として赴任しましたが、言葉の壁が重くのしかかり、現地のスタッフとのコミュニケーションもままなりません。

しかも、単身赴任であったため、公私にわたって孤独感にさいなまれるようになりました。

そんなあるとき、その男性は地元の人から「サーフィンを一緒にやらないか」と誘われました。

その男性にとってサーフィンは初めての経験だったのですが、いざ海辺で体験してみると、すっかりそのおもしろさに取りつかれてしまいました。

以来、彼は頻繁にサーフィンを行うようになり、今では孤独を感じるどころか、人生を謳歌しているといいます。

この彼のように、**孤独を感じたときは、新しい何かにチャレンジしてみる**といいと思います。

●英会話やヨガなどの教室に通う。

●ピアノやヴァイオリンといった楽器を習い始める。

●小説やエッセイの執筆にトライしてみる。

●福祉ボランティアや環境保護活動といった社会活動を行ってみる。

●今までやったことのないスポーツを始める。

その際、**時間が経つのを忘れるほど夢中になれるかどうかを、一つの判断基準にする**といいと思います。

夢中になれるというのは、生きがいに転じた証拠で、それによって孤独を克服するパワーがどんどん湧いてくるようになるでしょう。

ポイント

時間が経つのを忘れるほど、何かに夢中になれば、孤独に打ち勝つパワーが心に宿るようになる。

どこかに立ち寄る習慣をつける

平安時代の末期に西行法師という僧がいました。

彼は元々朝廷を警護する武士でしたが、この世の無常を感じて出家し、山奥にある庵《いおり》で一人で暮らしていました。

その西行法師に向かって、あるとき村人がこう尋ねたことがありました。

「いつも一人きりで、寂しくありませんか？」

すると、西行法師は次のように返答したというのです。

「いや寂しくはありません。私はいつもどこかに立ち寄るクセをつけていますから」

西行法師は街に出るたびに、托鉢《たくはつ》を兼ねてかつての旧友を訪ねまわっていました。

「久しぶりですね」

「まあ、立ち話もなんだから、お茶でも飲んでいきなさい」

こうして長話になることもしばしばありました。

すると、お米を頂戴するほかに、いろいろな情報が聞けたり、相手の苦労話を聞くことで「大変なのは自分だけではない」と思うこともしばしばありました。

それによって勇気づけられ、孤独に対する免疫力を高めていったのです。

西行法師のように、どこかに立ち寄ることも孤独の解消に役立ちます。

前もって連絡して、**相手の時間の都合がつけば、友人知人に会う**のもいいと思います。**ご無沙汰している人の家の近くまで来たら訪問する**のもいいでしょう。**短い時間でも会話をすれば、願ってもない情報が得られる**かもしれません。

あなたが腰痛で悩んでいるならば、「腕利きの鍼灸師を紹介してあげましょう」という話に進展していく可能性もあります。

そうすれば、**「気にかけてもらえた」という気持ちでいっぱいになり、孤独感などどこかに吹き飛んでしまう**に違いありません。

ポイント

前もって連絡して、友人知人の職場を訪ねたり、ご無沙汰している人の家の近くまで来たら訪問する。

一人でないと、できないことに目を向ける

ヨーロッパに次のような民話があります。

ある国に何不自由なく暮らしているお姫様がいました。

しかし、お城での生活は家来たちが目を光らせているため窮屈《きゅうくつ》でたまりません。

村人たちのように、一人で好きなところにも出かけられません。

好きな動物と遊ぶこともできません。

「ああ、村人のようになりたい……」

そう思った矢先に魔法使いが現れたので、お姫様は魔法使いに「お城から連れ出してください」とお願いしました。

魔法使いの力によって、お城から出ることができたお姫様は、一人で湖のほとりや森に出かけたり、好きな動物と自由に遊ぶことができました。

「ああ、私は最高に幸せだわ……」

その途端、お姫様はお城のベッドの上で目を覚ましました。

なんとお姫様は夢を見ていたのです。

一般の人たちは魔法使いの力を借りなくても、あるいは夢の世界でなくても、自分一人の意思でいろいろなことを行うことができます。

その特権を利用して、一人でないとできないことに目を向けることが大切です。

●一人旅に出かけてみる。

●一人で映画を観に行く。

●一人でお気に入りのカフェでお茶を飲みながら本を読む。

このように、**一人なら、他人に対して気兼ねをすることもありません。**

マイペースで行動できます。

そのことに気づけば、「孤独もまんざら悪くはない」と思えてくるはずです。

ポイント

一人なら、他人に対して気兼ねをすることはない。

孤独を感じたら、軽い運動を行う

「心身一如」という言葉があります。

心と身体は密接につながっている。

心が不調（快調）だと、身体も不調（快調）になる。

身体が不調（快調）だと、心も不調（快調）になる。

そういう意味です。

その通りで、孤独を感じると心がマイナスに傾くだけではなく、身体もマイナスに傾いてしまいます。

逆に、**身体をプラスに転化させることで、心もプラスに転化させる**ことができます。

そのためには、マイペースで運動をするのが一番です。

といっても、激しい運動を行う必要はありません。

自分の年齢・体力に合わせて、散歩や軽いジョギングやストレッチなどを行うだけでもいいのです。

軽い運動を行うと、血行が良くなります。新陳代謝が盛んになります。
それによって、疲労が回復したり、ストレスの解消にも役立つのです。
また、**軽い運動を行えば、ドーパミンやセロトニンといった心を快適にしてくれるホルモンがたくさん分泌されるようになります。**

心が快適になれば、気分が一新され、孤独感も克服できるようになります。

したがって、孤独を感じたら、部屋の中に閉じこもっていないで、ほんの少しでいいから、身体を動かしてみるのです。

一〇分でもかまいません。二〇分でもかまいません。

そうすれば、孤独感で、どんよりと曇った心に晴れマークが点灯するはずです。

ポイント

身体が快調になると、心も快調になる。

第5章

自分を大切にすると孤独に強くなる

自分を大切にすると、孤独が克服できる

人づきあいをするうえで、一般的に私たちはいつもこう考えています。

「みんなと歩調を合わせなければいけない」

「みんなとの和を大切にしなければならない」

「みんなと同じように行動しなければならない」

他人と合わせることが大切なのは言うまでもありませんが、度が過ぎると絶えず、他人の顔色をうかがうようになります。

いつも、他人の視線、他人の評価が気になるようになります。

他人と妥協することを優先的に考えるようになり、自分らしさとはかけ離れた生活を送るようになります。

そのため、自分の存在価値がなくなってしまったように思えてきて、むなしさを感じるようになり、それが孤独感につながる可能性もあるのです。

こうした風潮は古今を問わず、いつの時代も同じようで、第1章でご紹介した随筆

家・吉田兼好が著書『徒然草』の中で述べたことを再度要約します（意訳）。

「世間の人と合わせようとすると、出世やお金儲けなどに心を奪われ、自分らしさを見失うことになる。人は余計なことに惑わされず、心おだやかに過ごすのが一番良い」

要するに兼好は、自分を大切にして生きることの重要性を説いているのです。

自分を大切にして生きれば、自分の素晴らしさや魅力といったものが再認識できます。自分に本来備わっている能力にも気づくことができます。自分の存在価値・自己肯定感を高めることもできます。

そうすれば、**みんなと同じでなくてもいいと思えてきて、人間関係のつまらないしがらみを断ち切る**ことができます。

それによって心の平安が得られ、**一人になったときでもむなしさを感じることがなく、孤独にも打ち勝つことができる**ようになるのです。

ポイント

みんなと同じでなくてもいい。

自分の良いところ、好きなところ、魅力をピックアップしてみる

「あの人は明るいからみんなに好かれる。それに比べると私は暗いから……」

「あの人は器用だから何でもそつなくこなせる。それに比べると私は不器用だから」

他人と比べては、こういう思いにとらわれつづけている人が少なくありません。

しかし、それだと劣等感が増すばかりで、自分だけが疎外された気分になります。

すると、心はどんどんマイナスに傾いていき、孤独感に陥りやすくなります。

そうならないためには、自分の良いところ、好きなところ、魅力をピックアップしてみるといいと思います。


「神は一人一人の人間に、平等にその人ならではの長所を授けた」


これは一九世紀のアメリカの思想家ラルフ・エマーソンの言葉ですが、長所のない人など、この世に一人も存在しないのです。

ただ、いきなり、自分の良いところ、好きなところ、魅力をピックアップしなさいと言われても、ピンとこない人もいると思います。

そういう人は、これまでの人生を振り返って、ほめられた経験を書き出してみることをおすすめします。

「学生時代、友達から字がキレイだと言われた」

「両親から、兄弟の中で一番気立てがいいと言われた」

「中学生のとき、作文コンクールに入賞し、先生からほめられた」

こうして思いつくまま書き出していけば、自分という人間もまんざらではないように思えてきます。

自分の良いところ、好きなところ、魅力といったものが、少しずつ認識・自覚できるようになります。

そうすれば「あの人に比べると……」という劣等感が薄れ、それに伴い孤独感も克服できるようになるでしょう。

ポイント

神は一人一人の人間に、平等にその人ならではの長所を授けてくれている。

自分のいただけないところを別の角度から眺めてみる

他人と比較して、劣等感が増して、孤独を感じたら、自分の良いところ、好きなところ、魅力を別の角度から考えることも必要です。

「私は臆病である」「他人から優柔不断なところがあると言われた」といったように、短所に意識が向いてしまうと、プラスの感情よりもマイナスの感情のほうが増大するようになります。

そうならないためには、自分のいただけないところを、別の角度から眺めてみるといいかもしれません。

たとえば、「臆病な性格をしているから、積極的になれない」と思っている人がいたとします。

そういうときは、次のように解釈してみるのです。

「臆病というのは用心深い証拠である。ということは、仕事もそれだけ慎重になるし、だまされる心配もない」

「高価な買い物をするときも、慎重になれるし、だまされる心配がない」

他人から優柔不断なところがあると言われたときも同じで、次のように別の角度から眺めるようにするのです。

「優柔不断というのは、それだけ柔軟性がある証拠だ。問題が起きたとき、柔軟に対処できるという利点がある」

要するに、短所と長所は表裏一体の関係にあるのです。

短所と思っていることが、その人の魅力・長所になったりもするのです。

そのことを改めて認識・自覚すれば、マイナスの感情がどんどん減っていき、代わりにプラスの感情が増え始めるようになります。

そうすれば、それに伴い、疎外感が薄れ、孤独感も消滅するようになるでしょう。

ポイント

短所と長所は表裏一体の関係にある。

孤独を感じたら、自分だけの時計を持つ

「同期の仲間たちは、どんどん昇進していくのに、自分は未だに平社員のままだ」
「同僚はどんどん実績を作っていくのに、自分は未だにこれといった実績がない」
「みんな国家試験に合格していくのに、自分は今年もダメだった」

こういう思いにかられると、自分だけが疎外された気分になり、孤独を感じやすくなります。

そういう人は、「劇団四季」の創設者・浅利慶太さんの次の言葉を指針にするといいと思います

「自分の時計だけを見ていればいい。他人の時計をのぞくな」

普通の時計は一日二四時間だが、人生という名の時計は一日が二〇時間の人もいれば、四〇時間の人もいる。

時間差は人によって、まちまちである。

同様に、短期間で成果を出す人もいれば、時間をかけて仕事で成果を出す人もいる。

一年で脚光を浴びる人がいれば、数年後に脚光を浴びる人もいる。

したがって、他人と比べて一喜一憂をしてはならない。

そのことで劣等感を抱き、心を乱してはならない。

浅利さんはそういうことを説いたのです。

自分の時計だけを見ていれば、自分のペースを大切にしながら物事を進めていくことができます。

「他人は他人、自分は自分」の気持ちでいられるようになり、他人と比較するのがナンセンスに思えるようになります。

気負ったり、プレッシャーを感じることも少なくなります。

心がブレることもありません。

そうした相乗効果によって孤独も克服できるのです。

ポイント

「他人は他人、自分は自分」の気持ちでいる。

孤独を感じたら、自分に向けて感謝とねぎらいの言葉を口にする

「こんなに頑張ってプレゼンの資料を作成したのに、誰もほめてくれない」
「会社の経営が思わしくないにもかかわらず、社員たちにボーナスをたくさん支給したのに、社長の私に誰も感謝してくれない」
「夫と子供たちのために、一生懸命、夕飯を作ったのに、誰も美味しいとは言ってくれない」

等々、こういう思いにとらわれつづけていると、やがて孤独を感じるようになります。

そのような人たちに共通していえるのは、他者から評価してもらうことばかり求めていることです。

しかし、他人に評価してくれとお願いするわけにはいきません。

あるいは他人が評価したつもりでも、そのことに自分が気がつかないこともあります。

そういう人は、**自分で自分を評価するといい**と思います。

その一環として、鏡に自分の顔を映して、感謝とねぎらいの言葉を口にするのです。

「太郎（自分の名前）、君は本当に良く頑張っているね。いつもありがとう」

「花子（自分の名前）、毎日、本当にお疲れ様。心から感謝しているわ」

また、そのような言葉を紙に書いて、自室の壁などに貼っておき、何度も読み直すようにするのです。

そうしたことを日課にすれば、**だんだんと「自分は本当に良くやっている」と心の底から思えるようになってきます。**

自分自身の存在価値がだんだんと高まるようになります。

そうすれば他人が評価してくれなくても、孤独を感じることはなくなるでしょう。

ポイント

自分で自分を評価する。

孤独を感じたら、自分にご褒美を与える

心理学の専門用語に、脳の「報酬系」という言葉があります。

何かを達成したとき、報酬がないとモチベーションが低下するが、報酬があればモチベーションが高まっていくという人間特有の心理作用のことをいいます。

たとえば、一生懸命に仕事をして、大きな成果を出しても、会社からボーナスが支給されなければ、やる気は失せていきます。

逆に、一生懸命に仕事をして、大きな成果を出したとき、会社からボーナスが支給されれば、いっそう発奮するようになります。

これが報酬系です。

そして、この報酬系は自己肯定感の有無とも密接に関係しています。

何かをやり遂げたとき、報酬があれば自己肯定感が高まりますが、そうでないと自己肯定感よりも自己否定感のほうが強くなります。

自己否定感が強くなると、「誰も認めてくれない」「誰も評価してくれない」「誰も

ねぎらってはくれない」という思いが強くなり、孤独に陥りやすくなります。

そういう人は、他人からの報酬を当てにしないで、自分に報酬、すなわちご褒美を与えてあげることです。

●営業ノルマを達成したり、大きな契約を結ぶことができたら、一流レストランで豪華な食事をする。

●課長に昇進したら、スーツを新調する。

●公認会計士の資格を取得したら、海外旅行に出かける。

このように**自分に報酬を与えれば、自己肯定感が高まるようになります。**

これからも頑張ろうというモチベーションも高まるようになります。

そして、いっそう前向きになります。

そうなれば、孤独とは無縁の人生が送れるようになるに違いありません。

ポイント

自分で自己肯定感を高めるようにする。

孤独を感じたら、ハッピー体験・成功体験を思い出す

孤独を感じる人はネガティブなことばかり思い出そうとするところがあります。

「今日も良いことなんか、一つもなかった」

「今日もつまらない一日だった」

「今日も不快なことが多かった」

等々。

しかし、本当にネガティブなことばかりでしょうか。

アメリカの心理学者マクスウェル・マルツ博士は、「ネガティブな出来事もポジティブな出来事も、半分ずつ、脳の記憶回路に保存されている」と指摘しています。

ただ、人はストレスをためる動物なので、ストレスがきっかけでネガティブな出来事をついつい思い出してしまうところがあるというのです。

つまり、ポジティブな出来事も本当は記憶回路に保存されているのですが、ネガティブな出来事の記憶のほうが、優先してよみがえってしまうのです。

そうならないためには、意識的に「過去のハッピー体験・成功体験を思い出すようにするといい」とマルツ博士は述べています。

「小学生のとき、数学のテストで二回つづけて満点をとったことがある」

「入社早々、大口の契約をまとめ、上司からほめられたことがある」

それに加えて、次のように良い出来事だけを日記に記すのもいいと思います。

「今日は社内検診でどこにも異常がないと診断された。健康そのものだ」

「今日は前々から欲しかった音楽CDを安価で購入することができた」

すると、**良いことだけが思い出として残り、脳の記憶回路に保存されます。**

これを毎日繰り返していけば、**いつもポジティブなことばかり思い出せるようになり、〝私はツイている〟という感情が孤独感を遠ざけてくれる**ようになるでしょう。

ポイント

良い思い出だけを脳の記憶回路に保存すると、〝私はツイている〟という感情が孤独感を遠ざけてくれるようになる。

孤独を感じたら、絵を描いてみる

一九世紀のアメリカにラルフ・トラインという思想家がいました。

トラインは長年にわたって心の法則の研究を行い、人間が抱く思い、すなわち想念の特徴について次のように定義づけました。

「想念には良くも悪くもエネルギーがある。そのエネルギーは形になって現れると消滅していく」

ガソリンが良い例です。

車のエンジンをかけなければ、ガソリンは減ることはありません。

しかし、エンジンをかけ、車を動かしつづければ、ガソリンはどんどん減っていき、しまいにはガス欠になり、車は動かなくなります。

同様に、**心がマイナスの念でいっぱいになったとき、それを何らかの形で表現すれば、マイナスの念は消滅し、心は空《から》の状態にリセットされ、すっきり爽快な気分にな**るというわけです。

その一環として、孤独を感じ、心がマイナスの状態に傾いたときは、その感情を絵に表してみるのもいいと思います。

絵といっても他人に見せるわけではないので、上手・下手は問いません。

何を描いてもかまいません。

動物や植物、あるいは怪獣のような架空の生物を描いてもかまいません。

とにかく、「誰も相手にしてくれない」「誰も認めようとはしてくれない」「誰も理解してくれない」「みんなから取り残されていく」という感情がこみあげてきたら、その感情を絵で表現してみるのです。

マイナスの感情を自分の心から絵に移し替えてしまうのです。

そうすれば、描き終えるころにはすっきりした気持ちになり、孤独感もだいぶ緩和されるようになるでしょう。

ポイント

マイナスの念は形になって現れると消滅していく。

孤独を感じたら、小説やエッセイや詩を書いてみる

孤独感を別のモノで形として表すことで、そのエネルギーを消滅させる方法は絵だけではありません。

効果的なやり方として、文字に移し替える方法もあります。

たとえば、日本最古の和歌集である『万葉集』の中には、孤独感をうたった短歌がたくさん登場します。

いくつか例を出すと、次のような短歌があります（意訳）。

「逢いたいと強く思うほど、あの人の姿が思い浮かんでくる」

「せめて夢の中だけでも、あの人に逢いたい」

「死んだ妻が植えた梅の木を見るたびに、涙があふれ出てくる」

どれも、寂《さび》しさや悲しさをうたった和歌ばかりです。

これにはキチンとした理由があり、ある精神科医は、万葉集の歌の作者たちは**「寂しさ、悲しさといった孤独の感情を文字に表すことで、その感情を心から切り離し、**

文字に移し替えようとしている」と指摘しています。

それによって、作者は寂しさ、悲しさといった孤独感から立ち直ろうとしたのです。

したがって、『万葉集』の歌人たちのように、孤独を感じたときは、それを文字に移し替えてみるのもいいと思います。

他人に読ませるわけではないので、文章の上手・下手はいっさい問いません。

●孤独の感情を表現した小説やエッセイを書く。

●詩を作る。

下手でも全然かまいませんので、歌人になったつもりで思い切って短歌や俳句を作ってみるのもいいでしょう。

そうすれば、だんだんと寂しさ、悲しさといった孤独の感情が薄れ、気持ちが楽になっていく自分に気づくでしょう。

ポイント

寂しさ、悲しさといった孤独の感情を言語化し、その感情を心から切り離す。

誰に対してもいい顔をしない

私たちはさまざまな場面で他人に気を使っています。

「あの人はコーヒーを飲まないから、遊びにきたら、紅茶をお出ししよう」

「あの家は喪中だから、年賀状を出すのはひかえよう」

「旅行に行ったら、職場の仲間にお土産を買ってきてあげよう」

等々。

もちろん、こうした気づかいは良好な人間関係を築くうえで大切なことです。

しかし、気づかいも度が過ぎると、相手に妥協したり、自分の欲求をおさえることになるため、神経をすり減らしたり、ストレスの元となります。

いつも相手に振り回されっぱなしで、身動きがとれなくなってしまうこともあります。

この状態を放置しておくと、自分をないがしろにしてしまうことになるため、一人になると孤独感に陥ることもあります。

そうならないためには、**気づかいはほどほどにする**ことです。

誰に対しても、いい顔をしないことです。

上司や同僚から飲みに行こうと誘われても、お酒が嫌いだったり、他にやることがあったり、ゆっくり休みたければ、TPOに応じて、なおかつ言葉を選びながら**「NO」と言う勇気を持つ**ことも大切なのです。

「イヤな顔をされても、いちいち気にしないようにしよう」

「嫌われても生きていける」

こう言い聞かせれば、自分の軸ができて、他人に左右されなくなります。

自分にとっての最優先の課題に取り組めるようになります。

これもまた自分を大切にする生き方につながり、ひいては孤独の克服にもつながっていくのです。

ポイント

「イヤな顔をされても、いちいち気にしないようにしよう」「嫌われても生きていける」と言い聞かせれば、他人に左右されなくなる。

第6章

自分磨きに励むと
孤独に強くなる

孤独と向き合うと、見えてくることもある

多くの人は子供のころから、両親をはじめ、周囲の大人たちから次のように言われつづけてきたと思います。

「一生懸命に勉強して、いい大学に入りなさい」

「社会人になったら一流企業に入り、出世しなさい」

こうした言葉が刷り込まれ、成長してからもこう考える人が少なくありません。

「いい大学に入るために頑張らなければ……」

「出世して、なんとかして勝ち組に入らなければ……」

しかし、それだと壁にぶつかったときや人生のスランプに陥ったとき、「なんのための人生だったのか……」という思いにかられ、孤独感に陥ってしまってもおかしくありません。

そういうときは、**あえて孤独と向き合う**ようにするといいと思います。

それによって、得られるものがたくさんあるからです。

孤独と向き合うと、今まで見えなかったものが見えてくるようになります。

忘れていたことが思い出せるようになります。

求めていたことがわかるようになります。

要するに、**自分にとって本当に望ましい生き方が見えてくるようになり、自分を磨くためには何をすればいいかが明確になる**のです。

武士道の在り方を説いた『葉隠』という書物の一節に、「武士道とは死ぬ事と見つけたり」という言葉があります。

これは死を自覚するという意味ではなく、いつ死んでも悔いが残らないように、自分らしい生き方を自覚して生きるという意味です。

つまり、**孤独と向き合うことで、いつ死んでも悔いが残らない自分らしい生き方を発見するきっかけが得られる**ようになるのです。

ポイント

孤独と向き合うと、
自分らしい生き方を発見するきっかけが得られるようになる。

孤独を「反省の時間」と考える

一九世紀から二〇世紀にかけて、アメリカに「石油王」と呼ばれたジョン・ロックフェラーという実業家がいました。

そのロックフェラーは、あるとき大病を患い、長期の療養を余儀なくされたことがありました。

一日中、病室のベッドで寝ているため、当然一人でいる時間も多くなります。

それだけ孤独になります。

その間、彼はこれまでの自分の生きざまを振り返ったというのです。

「私はこれまでお金を儲けることしか頭になかった。我欲のかたまりのような生き方をしてきた。だから、バチが当たって病気になってしまったのかもしれない。よし、これからは態度を改め、世の中に貢献するように努めよう」

そうしてロックフェラーは病気が治った後、資産の大半を投げうって、医療や教育の財団などに寄付をし、九七歳まで長生きすることができたのです。

孤独を感じたら、ロックフェラーのように、日頃の生活態度や仕事のやり方を見つめなおしてみることが大切です。

また、**反省の時間に当てる**ようにするのです。

そうすれば、

「最近はイライラすると、部下にキツく当たることがある。これからは、ひと呼吸おいて、部下に優しく接していこう」

「最近はお客さんが入って儲かればいいとばかり考えている。もっと、おもてなしの気持ちを大切にしよう」

というような改善点が見えてきます。

結果として、**孤独になるおかげで自分を啓発することができる**のです。

ポイント

孤独になるおかげで、日頃の生活態度や仕事のやり方を見つめなおすことができる。

孤独を感じたら、本を読む

西洋に「良書があればけっして孤独にはならない」という格言があります。

一人でいるときに良書を読めば勇気づけられる。
希望が湧いてくる。
悩みを打ち消すヒントが得られることもある。
心が落ち着く。
それによって前向きに生きられるようになるという意味です。

読書の効用は他にもあります。

イギリスのオックスフォード大学の研究によると、本を読むと、想像力が高まることで脳が活性化することが明らかにされています。

同じくイギリスのサセックス大学の研究によると、本を読むことで心身がリラックスし、緊張感が緩和し、ストレスの解消にも役立つと報告されています。

それだけではありません。

アメリカのカリフォルニア大学の研究によると、読書の習慣をつけていると、アルツハイマーの原因とされている物質「ベータアミロイド」の形成も抑えられるというのです。

こうしてみると、読書には一石二鳥どころか、一石数鳥の効果があるといっていいと思います。

したがって、**孤独を感じたら、元気になる本、勇気が湧いてくる本、希望が持てる本を読む**習慣をつけるといいと思います。

一日に三〇分でもかまいません。一五分でもかまいません。

そういう**心をプラスの状態に導いてくれる本に目を通せば、明るく前向きな気持ちになれ、それに伴い、孤独感も克服できる**ようになります。

ポイント

心をプラスの状態に導いてくれる本に目を通せば、明るく前向きな気持ちになれる。

孤独を感じたら、成功者の話を聞く

心理学に「代理体験」という言葉があります。

代理体験とは、自分が実際に行動するのではなくて、他者がうまく行っている場面を見たり、聞いたりすることによって自信を強めていく、一種の自己啓発法のことをいいます。

人は孤独に陥ると、自分に自信が持てなくなります。

信念が揺らぎ始めます。

何事も消極的に考え、行動も消極的になります。

そこで、孤独を感じたときは、代理体験を味わってみるという方法があります。

●身近に成功者がいたら、その人と親しくなり、成功の秘訣を聞く。

●壁にぶつかったときやピンチ、逆境に見舞われたとき、どう乗り越えていったかを、成功者から聞く。

●身近に成功者と呼べる人がいなければ、著名な成功者の講演会などに参加して、

有意義な話を聞く。

これだけでも、代理体験を味わうことができます。

また、**成功者の書いた本に目を通す**のもいいでしょう。

本に目を通す場合は、ためになる部分にはアンダーラインを引き、その部分だけでも何度も読み返すことが大切です。

こうした習慣をつければ、少しずつ自信が取り戻せるようになります。

信念も強まります。

「よし、自分もあの人を見習い頑張ろう」と積極的に考え、積極的に行動できるようになります。

そうすれば、心はプラスの感情で満たされ、孤独感は瞬く間に消滅していくようになるでしょう。

ポイント

代理体験を味わうと、自信が強まる。

孤独を感じたら、勉強に打ち込む

古代中国に次のような逸話《いつわ》があります。

ある若者が無実の罪で、自宅で謹慎《きんしん》処分を言い渡されたことがありました。

数年後、若者は無実だということが証明され、謹慎処分を解かれるのですが、程なくして科挙《かきょ》の試験（役人になるための登用試験）に合格し、役人として大成することができました。

なぜ、若者は難関といわれる科挙の試験に合格することができたのでしょうか。

それは、謹慎中、ずっと本を読みつづけていたからです。

それによって多くの知識を吸収することができ、試験に合格することができたのです。

そこで、この若者を見習い、孤独なときは勉強に打ち込むことをおすすめします。

勉強に打ち込めば、知識が増えます。

知識が増えれば自信がつきます。

自信がつけば、心もそれに同化するようになり、積極的に考え、積極的に行動できるようになります。

たとえば、英会話です。

一日三〇分でもいいですから、その時間を英会話の勉強に当て、それを半年、一年とつづけていったらどうなるでしょうか。

海外旅行に行ったとき、最低限、困らないだけの英語が話せるようになるでしょう。現地の人とコミュニケーションを図ることもできます。

そうすれば、たとえ一人旅であっても、孤独とは無縁の旅がエンジョイできるようになります。

結果的に、**孤独の中に幸せのヒントが潜んでいる**といえるのです。

ポイント

孤独の中に幸せのヒントが潜んでいる。

孤独を感じたら、スキルアップを図る

ある三〇代の男性の話です。

その男性は商社でバリバリの営業マンとして働いていました。

ところが、彼がリーダーとなって推進した新規プロジェクトが失敗に終わり、その責任を問われ、社史の編纂室に配転されてしまいました。

社史の編纂室といっても、そこにいるのは彼と定年間際の社員だけです。

その男性が孤独感に見舞われたのは言うまでもありません。

しかし、大学時代の恩師のアドバイスで一念発起した男性は、税理士になるために猛勉強を始めるようになりました。

すると、数年後には見事、税理士の試験に合格することができ、程なくして大手の会計事務所にすんなりと転職を果たすことに成功したのです

孤独を感じると、たいていの人は悶々《もんもん》とした日々を過ごすようになります。

「なぜ、自分だけ出世できないのだろうか……」「なぜ、自分だけ営業成績が悪いの

だろうか……」と、周囲から取り残された気持ちでいっぱいになります。

情けない自分ばかりに意識が向いてしまい、自分に対して、怒りの感情が湧いてくることもあるでしょう。

でも、それでは心はどんどんマイナスに傾いてしまいます。

そんなことで**心を傷つけている暇があったら、この男性のように資格の取得を目指したり、習い事を始めてみるなど、スキルアップに励む**といいと思います。

「これは」というものがあれば、トコトン打ち込んでみるのです。

自己啓発のために、限られた時間を有効に使うのです。

そうすれば、どんなに小さなことでも、**その人の強力な武器となり、結果として自らに孤独を強いた状況に感謝しないではいられなくなる**でしょう。

ポイント

自己啓発のために、限られた時間を有効に使えば、その人の強力な武器が得られる。

孤独を感じたら、得意なことに磨きをかける

イソップ寓話の中に次のような話があります。

メスのライオンが難産の末、一匹のあかちゃんを産みました。そこへメスのキツネがやってきて、こんなイヤミを言いました。

「難産の末、たったの一匹しか産めないとは可哀そうね。私は一度に何匹も産めるわ」

すると、メスのライオンはこう返答したのです。

「そう。それは良かったわね。でも、ウチの子は一匹でも百獣の王・ライオンには変わりないわ」

この話は「量よりも質」、すなわち他人のほうが多くのことができても、他人よりもずば抜けて優れているモノが一つでも自分に備わっていればそれでいい、ということを表しています。

「職場の同僚たちは私よりもたくさんの能力がある」

「職場の仲間は私よりも多くの器具を動かせる」

このように他人と比較ばかりしていると、コンプレックスを感じるようになります。

すると、自信がなくなり、自分だけが取り残されたような気分になり、孤独感にさいなまれるようになります。

しかし、「職場で宅建の資格を持っているのは自分だけである」「文章力だけは誰にも負けない」といったように、**たった一つでもいいから他人よりも優れたもの・得意なものがあれば、他のことで他人に劣っていても、自分に自信が持てるようになります。**

あまり**コンプレックスを感じなくなります。**

それならば、**得意なものや特技にいっそうの磨きをかけたほうが得**です。

もし、孤独を感じたら、何か得意なものを見つけることが大切です。

ポイント

一つでもいいから他人よりも優れたものがあれば、他のことで他人に劣っていても、それほどコンプレックスを感じなくなる。

孤独でいると、天職が見つかりやすくなる

孤独と向き合うと、今まで見えなかったものが見えてくるようになります。

忘れかけていたことが思い出せるようになります。

求めていたことがはっきりとわかるようになります。

自分にとって本当に望ましい生き方が見えてくるようになります。

これは天職を見つめなおすという意味においても大切です。

「みんながサラリーマンをやっているから、私もサラリーマンになろう」

「みんながＩＴ産業に注目しているから、私もＩＴ関連の仕事に就こう」

「公務員は収入が安定しているし、リストラの心配もないというから、私も公務員を目指そう」

この「私も」という思いにとらわれていると、本当に自分がやりたいこと、自分特有の才能を見失ってしまうことになります。

そのため、後々、後悔の念にかられることになります。

そこで、**孤独で一人でいる時間にこそ、自分の天職を見つめなおしてみる**といいと思うのです。

「理科の実験が好きだった」「国語が得意だった」等々、**学生時代に好きだった科目や得意としていた科目を思い出す。**

「大学生のころは、あちこちを旅行していた」といったように、**これまでの人生で夢中になったことを思い出す。**

「子供のおもりをしても、それほど大変だとは思わない」といったように、**やって苦にならないこと、飽きないこと、ストレスを感じないことに目を向ける。**

そうすれば、自分が心から望む仕事が見つかる可能性が大です。

結論として、**孤独でいるおかげで、自分特有の才能を存分に発揮するためのきっかけを得ることができる**のです。

ポイント

孤独でいるおかげで、自分特有の才能を発揮するためのきっかけを得ることができる。

孤独を感じたら、旅に出る

自分磨きの一環として、孤独を感じたら、一人旅に出るのもいいと思います。

「世界は一冊の本だ。旅をしない者は本の最初のページだけを読んで閉じてしまうようなものだ」（西洋の格言）

「長生きするものは多くを知る。旅をしたものはそれ以上を知る」（アラブの格言）

こうした格言もあるように、旅をすると多くの見識を得ることができます。

思わぬ発見もあります。

目からウロコが落ちるような体験をすることもあります。

旅によって、**自分を啓発することができる**ようになります。

旅のメリットは他にもあります。

旅をするに当たって、事前にいろいろと下調べをしたり、準備をしておかなくてはなりません。

一人旅の場合は英語であれ、中国語であれ、フランス語であれ、最低限、会話に困らないだけの語学を少しはマスターしておく必要もあるでしょう。

それによって、**スキルの向上にも一役買ってくれる**ようになります。

また、一人旅に孤独はつきものです。

寂《さび》しい気持ちになったり、不安になったりもします。

団体旅行と違って人間関係のわずらわしさはないものの、頼れるのも自分、選択・決断するのも自分です。

しかし、そんな中で現地の人に優しくしてもらうことで、**人の情にふれることができれば、「自分は一人ではない。多くの人たちに支えられて生きている」ということが実感**できます。

結論をいえば、**旅という孤独体験をすることで、人間的な成長を果たすことができる**ようになるのです。

ポイント

旅という孤独体験をすることで、人間的な成長を果たすことができる。

孤独を感じたら、「自分は必要とされている」と考える

大根はさまざまな料理に使われています。

たとえば、サンマ定食についてくる大根おろしです。

言うまでもないことですが、サンマ定食の主役はあくまでサンマです。

大根おろしはわき役に過ぎません。

しかし、その大根おろしがなければ、なんとなく物足りなさを感じます。

天ぷらについてくる大根おろしも同じです。

揚げたての天ぷらがいくら美味しそうに見えても、大根おろしが添えられていなければ、なんとなく満足感が得られません。

お刺身も同じです。

お刺身の盛り合わせを頼んだとき、ツマ（大根で作られた飾りもの）がなければ、どことなく寂しい気分になります。

大根はどの料理でも主役ではありません。

引き立て役・わき役に過ぎないのです。

でも、ないと心が満たされません。

「私はいつもわき役。みんなの引き立て役に過ぎない」

「いっこうに日の目を見ることがない」

そうした思いで孤独を感じたら、こうした料理に使われる大根を思い出すといいと思います。

言い換えると、わき役の**自分がいないと困る人だってたくさんいる**のです。

したがって**自分という人間は必要とされている**のです。

自分では気づかないところで、**誰かの役に立っている**のです。

そうしたことに気づけば、自分の存在価値が高まるのを実感できると思いますし、それに伴い、孤独感も消滅するようになるでしょう。

ポイント

自分という人間は必要とされており、誰かの役に立っている。

孤独な状態は「自立心」を養うチャンス

車の免許を持っている人は自動車教習所に通っていたときのことを思い出してください。

教習所で車の運転の練習に励んでいたときは、いつも助手席に教官がいてくれました。

ブレーキを踏まなければならないのに、誤ってアクセルを踏んでしまったときでも、教官がフォローしてくれました。

車庫入れの練習で運転操作が行き詰ってしまったときも、教官がフォローしてくれました。

このように、「自分は一人ではない」ということで、そこにはいつも安心感があったと思います。

しかし、免許を取得して、初めて自分一人で車の運転をしたとき、少し不安を感じたと思います。

おそらく孤独を感じたのではないでしょうか。

それでも、何度か一人で運転していくうちに、不安もそれほど感じなくなり、孤独感も解消されていったはずです。

それは自立心が養われた証拠にほかなりません。

人生も同じです。

孤独であることは自立心を養ううえでも大切です。

一人で考え、一人で選択・決断し、一人で道を切り開いていくための、格好の自己鍛錬の場でもあるのです。

それによって、**精神がハガネのように強くなります。**

さらに、**困難に打ち勝とうとする信念が育まれる**ようになります。

その結果、**一皮も二皮も向けた人間に成長することができる**のです。

ポイント

孤独であることは自己鍛錬の場で、
そのおかげで精神がハガネのように強くなる。

第7章

〝マインドヘルパー〟を作ると孤独に強くなる

応援・協力してくれる〝マインドヘルパー〟を作る

一昔前までは、ある特定の職場などにおいて、何かにつけて相談できる仲間がいました。

「会議に提出する資料の準備はどう？」

「忙しくて、まだ取り掛かっていないんだ」

「じゃあ、手伝おうか」

「それはありがたい」

このように、困ったときに助け合える仲間がいたのです。

しかし、今はそのような仲間が少なくなってきているようです。

成果主義・能力主義がそうさせたのでしょう。

必要最低限のコミュニケーションしか交わそうとしない職場もあります。

ですから、悩み事があっても、相談できる仲間がほとんどいません。

自分一人で問題を抱え込むしかありません。

そのため、孤独を感じざるをえなくなり、心の中のマイナスの感情はどんどん膨らむばかりです。

そんなとき、**励ましてくれたり、応援・協力してくれる〝マインドヘルパー〟とでも呼べる人が、身近に一人でも二人でもいてくれたら、心はだいぶ楽になります。**

それによって、**心の中はプラスの感情が増大していき、孤独感に打ち勝てる**ようになります。

「孤独であることはいい」という観点から言えば、躍起になって人づきあいに精を出す必要はありません。

しかし、**心をプラスにしてくれるマインドヘルパーがいれば、ますます孤独に強くなれる**のも確かです。

ポイント

励ましてくれたり、応援・協力してくれる人がいると、心の中はプラスの感情が増大していく。

孤独を感じたら、縁を大切にする

「小才は、縁に会って縁に気づかず。中才は、縁に気づいて縁を生かさず。大才は、袖振り合う縁をも生かす」

これは徳川将軍家の指南役を務めた柳生家に古くから伝わる家訓ですが、孤独を感じたときに、励ましてくれたり、応援・協力してくれるマインドヘルパーを作るためには、人との縁づくりが大切になってきます。

ただし、縁づくりといっても、じっとしているだけでは生まれません。

勉強会や交流会やサークル等、人が集まる場所に足を運ぶ必要があります。

しかも、そういう場所に足を運んだからといって、出会う人すべてと縁が作れるというわけではありません。

「この人とは縁がある」と感じるチェックポイントを自分なりに設ける必要があります。

代表的なものをいくつか述べると、まず**フィーリングが合うかどうかに敏感になる**

といいと思います。

「この人といると楽しい」「気分が安らぐ」という感情が抱けるようであれば、縁を育める可能性が大です。

また、**考え方・人生観が似ていることも重要なポイント**です。

「お互い、エコロジーに強い関心を寄せている」「お互い、ボランティア活動に興味がある」といったようなものがあれば、縁を育める可能性が大です。

さらに、「お互い、出身地が同じである」「お互い、誕生日の星座が同じである」「お互い、同じ映画を観て感動した」といったように、**偶然の一致が多い場合も、重要なポイント**になります。

また、**縁づくりに意識が向けば、それが人生の楽しみへと転じる**ようになります。**それによって、孤独感も克服できる**ようになるでしょう。

ポイント

フィーリングが合うこと、考え方や人生観が似ていること、偶然の一致が多いことに敏感になる。

適度な距離感を保つ

困ったときに応援・協力してくれる〝マインドヘルパー〟とも呼べる人がいれば、それが励みになり、孤独にも強くなれます。

だからといって、その人たちといつもベッタリするのも考えものです。

いつもベッタリしていると、お互いのアラ（欠点）が気になったり、うざったく感じるようになるからです。

このことをうまく説明したのがドイツの哲学者ショーペンハウエルで、彼はこの人間特有の心理作用を寓話にたとえ、「ヤマアラシ・ジレンマ」と名づけました。

寒い冬の夜、少しでも暖まろうと二匹のヤマアラシが身を寄せ合おうとしました。

しかし、ヤマアラシの身体にはトゲがあります。

そのため、近寄り過ぎると、お互いの身体のトゲが相手を傷つけ、そうかといって離れ過ぎると、今度は寒くなります。

いろいろと悩んだ末、二匹のヤマアラシはようやく傷つけずに暖め合える距離を発

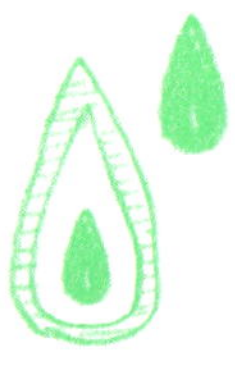

見した……というストーリーです。

人間も同じで、**人間関係は離れ過ぎず、近寄り過ぎずの、適度な距離感を保つのが一番望ましい**と、ショーペンハウエルは指摘するのです。

しかも、これはけっして難しいことではありません。

常に一緒にいない。

相手のプライバシーに干渉しない。

自分の価値観を押し付けない。

こういったことを守るだけでも、適度な距離感を保つことにつながります。

そうすれば、**いつも新鮮な気持ちでいられれ、親しさが薄れることもありません。**

むしろ、孤独を感じたときには、マインドヘルパーとして、強力な助っ人になってくれることでしょう。

ポイント

「ヤマアラシ・ジレンマ」を参考にする。

孤独を感じたら、頼まれごとに応じる

「展覧会に絵を出展するので、観にきていただけませんか」

「忘年会に出席してもらえませんか」

孤独を感じたら、こうした頼まれごとに、できるだけ応じてあげるのもいいと思います。

理由は二つあります。

一つは、**頼まれごとに応じてあげると、相手から感謝され、好印象を抱かれる**からです。

しかも、**頼まれごとに応じてあげると、心理学でいう「返報性の法則」の作用によって、「このお礼はどこかで返そう」と相手も考える**ようになります。

つまり、**自分が困ったときに応援・協力してくれるマインドヘルパーになってくれる可能性も高まる**という利点があるのです。

もう一つは、**相手から感謝されることで、自分という人間が必要とされていること**

が再認識できる点が挙げられます。

それによって**自己肯定感が高まり、孤独感に陥る頻度が少なくなる**という利点があるのです。

ＯＬのＡ子さんは別の部署のＢ子さんから、あるとき「自分は演劇をやっているので観にきてくれませんか」とお願いされたことがありました。

Ａ子さんは演劇にはそれほど興味はありませんでしたが、観に行ってあげたことでＢ子さんから感謝され、それがきっかけでランチを一緒に食べるようになりました。

また、悩みごとがあると、いつもＢ子さんが相談に乗ってくれ、励ましてくれるようにもなりました。

このケースなどは頼まれごとに応じてあげると、マインドヘルパーになってくれて、それにより孤独感が克服できた好例といっていいと思います。

ポイント

頼まれごとに応じてあげると、相手から感謝され、好印象を抱かれると同時に、自己肯定感が高まるようになる。

孤独を感じたら、ハガキや手紙を多く書く

いかなる理由があるにせよ、孤独を感じると気分が低下してきます。

そういうときは、友人や知人、あるいはお世話になった人に向けてハガキや手紙を書くといいと思います。

それも手書きで書くことをおすすめします。

これにはキチンとした理由があります。

パソコンが発達した今日、手書きで文字を書く人が激減しているため、**受け取る側は、ぬくもり・温かさ・愛情といったものを感じ、手書き文字でハガキや手紙を出した人に好印象を抱く**からです。

また、ハガキや手紙を書くこと自体にも大きな意味があります。

「孤独を味わうことで人は自分に厳しく、他人に優しくなれる」

これはドイツの哲学者フリードリヒ・ニーチェの言葉ですが、**孤独を感じると他人が愛おしく思えてきて、その思いを伝えやすくなる**のです。

しかも、**愛おしいという感情は直接言葉では伝えづらいところがありますが、文字なら比較的伝えやすい**という利点があります。

そうかといって、複雑に考える必要はありません。

「体調を崩したという話を耳にしましたが、その後、お身体の具合はいかがですか」といったようなことを書き記すだけでもかまいません。

そうすれば、相手は「自分のことを気にかけてくれている」と思うようになり、**ハガキや手紙をくれた人に好印象を抱くようになります**。

そのため、**その人が自分を応援・協力してくれるマインドヘルパーになってくれる可能性も高まり、孤立無援の状態に立たされたとき、味方になってくれる**ようになります。

そうすれば、孤独のほうが退散してしまうでしょう。

ポイント

孤独を感じると他人が愛おしく思えてくる。
文字はその思いを伝えやすくしてくれる。

孤独を感じたら、自分でサークルや勉強会を結成する

孤独に強くなるための方法として、自分でサークルや勉強会を結成することがあります。

●本を読むのが大好きならば、読書会を結成する。
●スイーツが大好きならば、スイーツを食べ歩く会を結成する。
●海外旅行を趣味にしているならば、旅行研究会を結成する。

小さくてもかまわないので、こうした会を設け、定期的に開催するようにするのです。

では、これが孤独に強くなることと、どういう関係があるのでしょうか。

一つは、**楽しいことに意識を向けるため、孤独であることを忘れてしまう**ことが関係しています。

もう一つは、**楽しみを共有できる仲間たちと過ごすことで、孤独感が解消していく**ことが関係しています。

そして、もう一つは、**困ったときに応援・協力してくれるマインドヘルパーになっ**

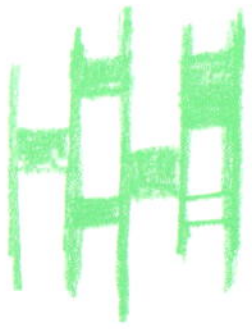

てくれる人が現れる可能性が高まることです。

自分でサークルや勉強会を結成するとなると、当然ながら、自分がイニシアティブをとらざるをえなくなります。

会場の手配をしなくてはならないし、予算も決めなくてはなりません。

来てもらう人に連絡もしなくてはなりません。

当日は当日で進行係を務めなくてはなりません。

このように、**自分が一生懸命やっている姿を目の当たりにすれば、集まった人は感謝してくれます。**

主宰者のことを応援・協力したくなります。

この応援・協力したくなる人こそが、マインドヘルパーなのです。

ポイント

人は一生懸命やっている人の姿を目の当たりにすると、応援・協力したくなる。

共通の趣味・楽しみが持てる仲間を作る

『釣りバカ日誌』が映画でシリーズ化され、好評を博しました。

大手建設会社の社長・スーさんは、経営者として仕事で神経をすり減らし、気の休まる暇がない毎日を送っています。

しかも、これといった趣味がないため、自宅に戻り、一人になると、ますます孤独を感じるようになります。

しかし、スーさんの会社で働く平社員のハマちゃんと出会い、ハマちゃんから釣りを教えてもらうようになってからは状況が変わります。

釣りの魅力にひかれ、ハマちゃんと釣りに行くのが何よりの楽しみになります。

それによって、孤独を感じなくなるというストーリーです。

これは何もフィクションの世界だけとは限りません。

孤独を克服するための方法として、共通の趣味・楽しみが持てる仲間を作るのもいいと思います。

●お互いにミュージカルが好きならば、一緒に観に行く。
●海外旅行が好きならば、一緒に海外旅行に行く仲間を作る。
●スポーツが好きならば、一緒にテニスやスキーを楽しむ仲間を作る。
●グルメならば、食べ歩きを楽しむ仲間を作る。

そういう仲間がいれば、否が応でも会話が盛り上がるようになります。親密な関係になれます。

そして、何よりも困ったときに、助けてくれたり応援してくれるマインドヘルパーになってくれる可能性があります。

そうすれば、「私は一人ではない。この人がいてくれる」ということがひしひしと実感でき、孤独が克服できるようになるでしょう。

ポイント

共通の趣味・楽しみが持てる仲間はマインドヘルパーになってくれる。

メンターを作る

伊藤博文といえば、初代の内閣総理大臣としても有名です。

言うまでもないことですが、総理大臣はとても孤独です。

国政を一身に背負い、国民の期待に応えなければならないため、その重圧たるや計り知れないものがあります。

その伊藤があるとき疲れ果てたような表情で、書斎でボーッとしていたので、妻が孤独感をねぎらおうと、こんな言葉を口にしたことがありました。

「心中お察し申し上げます。あなたの大変さは他の大臣や官僚たちはきっとわからないと思います」

すると、伊藤は笑みを浮かべながら次のように返答したというのです。

「私は大丈夫。いつも松陰先生と一緒だ。松陰先生が心の中にいる限り、私はけっして一人ではない。孤独ではない」

伊藤博文は若いころ松下村塾で恩師の吉田松陰から志を持つことの大切さを教え込

まれていました。

幕府から処刑される直前に松陰は伊藤に「私は君の心の中でずっと生きつづける。だから、いつまでも志を大切にしなさい」と言いました。

これを指針にしていたからこそ、伊藤は総理大臣という重圧、ひいては孤独を克服することができたのです。

メンター（恩師）の存在はとても大きいものがあります。

自分の精神的支柱、言い換えるとマインドヘルパーになってくれます。

つらいとき、苦しいとき、そして孤独を感じたときの拠りどころとなってくれます。

たとえ、**その場に恩師がいなくても、恩師から言われたこと、教わったことを思い出せば励みになります。**

そういう人を一人でも作ることが孤独を克服するために大切なことなのです。

ポイント

精神的支柱になってくれる人を作る。

一〇〇人の友達ではなく、たった一人の〝心友〟を作る

明治時代に正岡子規という俳人がいました。

その正岡子規は二〇代後半の若さで結核のため寝たきりになってしまいました。

当時、結核は不治の病として恐れられていました。

そのため、周囲の人から「あの人のそばにいると結核がうつる」と陰口を叩かれ、子規の家には訪ねてくる人がほとんどいなくなりました。

そうしたこともあって、子規は自宅で孤独な療養生活を送るようになったのです。

しかし、ただ一人だけ、子規の自宅に頻繁に訪ねてくる友人がいました。

故郷の愛媛県松山の学校の同級生だった秋山真之《さねゆき》という海軍軍人です。

秋山は忙しい合間をぬっては子規の家を訪ね、こう言って子規を励ましたというのです。

「精のつく魚が手に入ったので、君に食べてもらおうと思って持ってきたんだ。これを食べて、早く元気になってくれ」

「いつか、必ず回復するよ。そうしたら、一緒に松山に里帰りしよう。童心に返って、川で遊びたいね」

残念ながら、子規は三四歳の若さでこの世を去りますが、それでも亡くなる直前に秋山真之にこう言ったといいます。

「ありがとう。君がいつも訪ねてきてくれるおかげで、私はちっとも寂《さび》しくなかったよ。私は君という友人がいて本当に果報者だと思う」

人生に波はつきものです。好調なときもあれば、不調なときもあります。

不調なときに、「あなたのために」と言って、気づかってくれる人は本物の友です。

真の意味で、マインドヘルパーといっていいでしょう。

そして、**一〇〇人友達がいるよりも、そういう〝心友〟が一人でもいれば、孤独で悩まされることもなくなる**に違いありません。

ポイント

不調なときに、「あなたのために」と言って、気づかってくれる人は本物の〝心友〟。

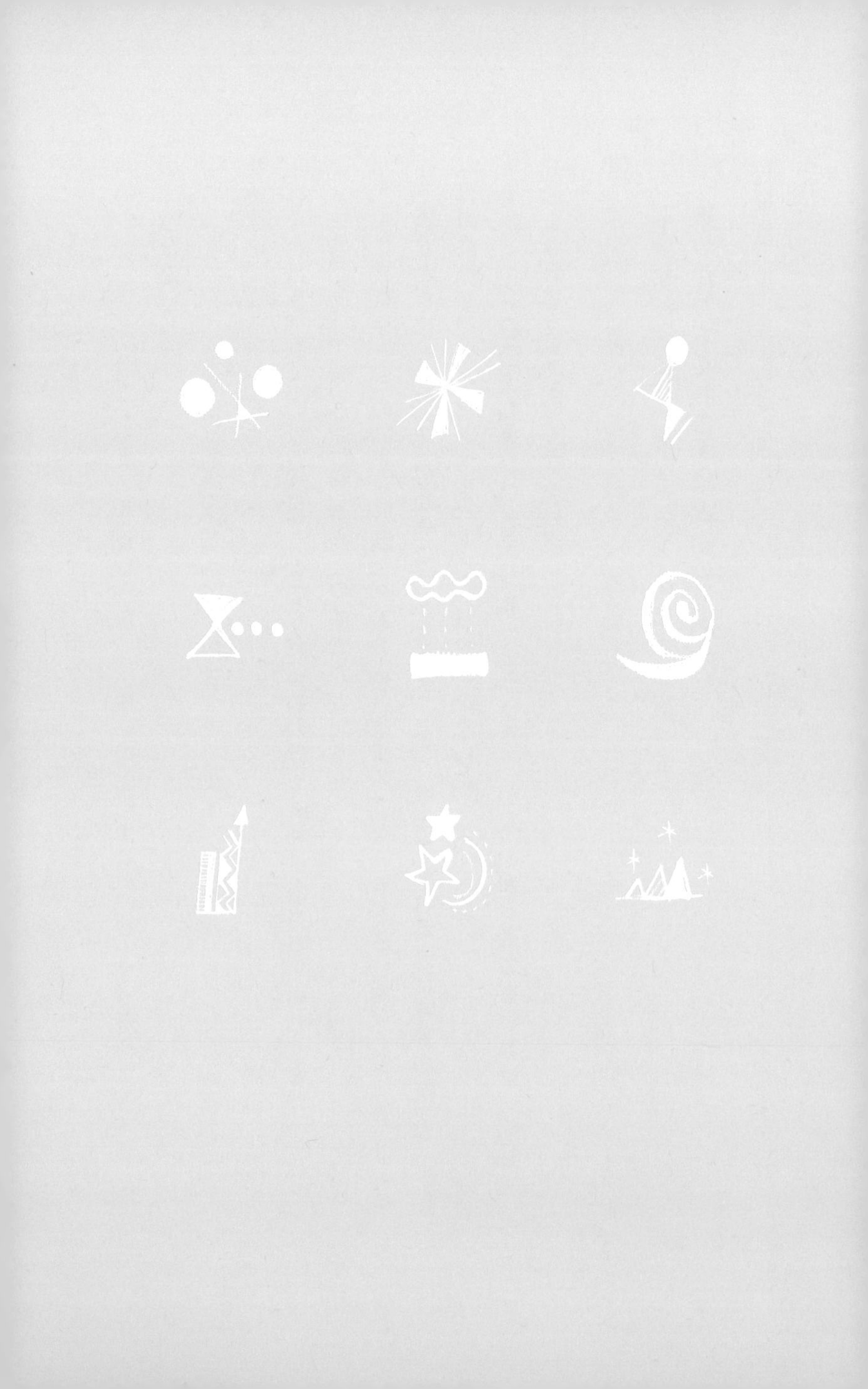

第8章

徳積みすると孤独に強くなる

徳積みすると、孤独が克服できる

これまで述べてきたように孤独感を湧き起こす感情は人によってさまざまです。

●他人との会話についていけない……。一人だけ浮いてしまう……。
●考え方や価値観がみんなと合わない……。
●友達がほとんどいない……。
●自分だけ恋人がいない……。自分だけ結婚していない……。
●仕事で自分一人だけ取り残されていくような感じがする……。
●自分の決断だけで会社を経営していかなければならない……。

等々、その原因は多岐にわたっています。
しかし、孤独を感じる人には、一つの共通点があります。
それは承認の欲求が満たされていないということです。

アメリカの心理学者アブラハム・マズロー博士によると、**人間は衣食住や家庭生活における基本的な欲求が満たされると、今度は「他人から認められたい」「評価されたい」という欲求を抱く**といいます。

これを承認欲求といい、自己重要感の欲求ともいいます。

では、この欲求を満たすためにはどうすればいいのでしょうか。

それは**他人から「ありがとう」と言われ、感謝されること**だと思います。

そう言われることで、**「自分は価値ある存在である」と思えてきて、孤独感が消滅する**のです。

そのための最適な方法が、他人への奉仕や貢献や喜びを与えるといった徳積みなのです。

ポイント

他人から感謝されると、「自分は価値ある存在である」と思えてくる。

孤独を感じたら、「ありがとう」と言われることを行う

人間には「他人から認められたい」という欲求があります。

この欲求が満たされないと孤独を感じるようになります。

しかし、他人から「ありがとう」と言われ、感謝されれば、「自分は価値ある存在である」と思えてきて、孤独感を感じることもありません。

そのためには徳積みの一環として、「ありがとう」と言われる何かを、できることから行うといいと思います。

といっても難しく考える必要はありません。

逆の立場に立って、**自分が他人に「ありがとう」と言うのはどんなときかを思い出せばいい**のです。

見知らぬ土地を旅したら、地元の人が道案内をしてくれた。

忙しいときに、同僚がお茶を入れてくれた。

身体の調子が悪いときに、先輩がコピー取りを手伝ってくれた。

のどが痛いとき、後輩がのど飴をくれた
旅行に行った友達がお土産を買ってきてくれた。

このように、思いつくまま列記すると、山ほど挙げられると思います。

これらをヒントに、**「これなら自分にもできそうだ」ということから始めればいいのです。**そうすれば、他人から「ありがとう」と言われます。

「ありがとう」と言われれば、他人の役に立てたという嬉しい気持ちが増大するようになります。

自分の存在価値がおのずと高まるようになります。

そうなると**心の中はプラスの感情で満ちあふれる**ようになります。

そうすれば、孤独感などいっぺんにどこかに吹き飛んでいってしまうに違いありません。

ポイント

他人の役に立てたという嬉しい気持ちを大切にする。

「ありがとう」と言われなくても、徳積みを行う

「ありがとう」と言われると、人の役に立てたという嬉しい気持ちが増大するようになります。

そして自分の存在価値がおのずと高まるようになります。

しかし、「ありがとう」と言われる何かを行っても、相手によっては「ありがとう」と言ってくれないこともあります。

すると、人によっては、自分の存在価値を否定されたような気持になり、かえって孤独感に陥ってしまう可能性があります。

そういうときは、**宇宙銀行に陰徳という形で徳の預金をしていると考える**といいと思います。

「ありがとう」と言われる徳積みの行為は、この宇宙をめぐりめぐって、他の誰かから自分のもとへ返ってくると考えるのです。

ある女性の話です。

彼女は職場の同僚をはじめ、周囲の人たちがどんどん結婚していくため、自分だけ結婚できないことに孤独を感じていました。

そんな彼女でしたが、あるとき徳積みの大切さを知り、以来、「ありがとう」と言われなくても、人に親切にするように心がけました。

すると、半年後に興味深いことが起こりました。

夏休みを利用して、京都に一人で旅行に行ったとき、ふとしたことから同じ一人旅の男性と知り合い、親しくなったのです。

その後、東京に戻ってからも交際はつづき、一年後にはめでたくゴールインを果たしたのです。

この例にもあるように、「ありがとう」と言われなくても、徳積みを行えば、**神様は意外な形で恩恵を授けてくれる**ようになるのです。

ポイント

「ありがとう」と言われる徳積みの行為は、この宇宙をめぐりめぐって、自分のもとへ返ってくる。

孤独を感じたら、外出して一五分間の徳積みを行う

家の中に一人でいるときに、すごい孤独感に見舞われる人がいます。

そういうときは、外出して一〇分でも一五分でもかまいませんので、徳積みを行うといいと思います。

ある三〇代の男性の話です。

その男性は長年貿易会社で働いていましたが、会社が倒産したため、失業の身になってしまいました。

必死になって再就職活動を行うものの、なかなか内定がもらえません。

そのため、帰宅して一人になると、「このまま自分は世の中から取り残されていくのかもしれない」といったような、孤独感に見舞われるようになりました。

そんなあるとき、彼は学生時代の恩師から徳積みの大切さを教わり、孤独を感じたときは、外に出て道端に落ちているゴミを拾うように努めました。

これを二カ月ほどつづけると、男性の状況は一変しました。

商社に勤めている大学時代の先輩から電話があったので、失業中の身であることを告白すると、「それならばウチの会社で働かないか」と言ってくれたのです。

彼は学生時代に中国に留学していたこともあって中国語が得意でした。

ちょうど、先輩の会社では中国に支社を構えるに当たって、中国語がしゃべれる人材を求めていたのです。

この例にもあるように、**孤独を感じて気分が低下したら、短時間でもかまいませんので外に出て、ゴミ拾いなどを行ってみるといいと思います。**

コンビニに行って募金をするのもいいでしょう。

そうすれば**気分が晴れるし、何よりも徳積みをしたことによって、宇宙の神様が孤独感に陥る状況から救ってくれる**と思います。

ポイント

ゴミ拾いも徳積みにつながる。

「困っている人」に敏感になる

忍者というと、どんなイメージを抱くでしょうか。

戦国時代に大名に仕え、『忍たま乱太郎』の乱太郎や『忍者ハットリくん』のハットリくんのようにドロンと消えたりする、人知を超えた術を操る人たちを連想すると思います。

しかし、忍者を主人公にした漫画を数多く描いた漫画家の白土三平さんは違います。

術よりも、困っている民《たみ》を助けるヒーローとして忍者を描いたのです。

病気にかかった農民がいたら、漢方薬を調合して飲ませてあげる。

山賊に襲われそうになった商人がいたら、助けてあげる。

無実の罪で牢屋に入れられた娘がいたら、こっそりと牢屋から出してあげる。

そういう理由で『カムイ伝』は大ヒットし、テレビでもアニメ化されたのでしょう。

忍者は孤独です。

そこで、**孤独を感じたときは、カムイ伝に登場する忍者になった気分で、「困って**

いる人」に敏感になり、その人たちをできる範囲で助けてあげるのもいいと思います。

●初めて海外旅行に行く人に、海外旅行のガイドブックをあげる。

●相続問題で頭を抱えている人がいたら、参考になる本を渡してあげたり、知り合いの弁護士を紹介してあげる。

●残業で忙しそうにしている同僚のために、おにぎりやサンドウィッチ等の夜食を買ってきてあげる。

●風邪をひいて体調を崩した職場の仲間の代わりに、外出の用事を買って出てあげる。

このように、困っている人を助けてあげる方法はいくらでも思いつくはずです。

そして、**これを習慣にしてしまえば、困っている人を助けてあげることが、生きがいとなります。**

そうすれば、**感謝の洪水を浴びることで、孤独など感じられなくなるかも**しれません。

ポイント

徳のある忍者になった気分で人助けを行う。

孤独を感じたら、奉仕活動を行う

孤独を感じたら、徳積みの一環として、面倒なこと、すなわち奉仕活動を行うのも一つの方法です。

たとえば、掃除です。

掃除というと、「面倒くさい」という意識が先に来るため、実際にそれを行うとなると気分が滅入ることになるでしょう。

しかし、精神科医の貝谷《かいや》久宣《ひさのぶ》氏によると、掃除には五つのメリットがあり、うつ病治療や孤独の解消にも効果があるようです。

一つは、心が清らかになることです。

一つは、気分が清々しくなることです。

一つは、身体を動かすことで、抗ストレスホルモンがたくさん分泌され、脳の神経細胞が活性化することです。

一つは、周囲の人から喜ばれ、感謝されることです。

そして、最後の一つは、周囲の人から喜ばれ、感謝されることで、自分の存在価値が高まり、承認の欲求が満たされることです。

もちろん、これは掃除に限ったことではありません。

●お花見の席取りを買って出る。
●猛暑日や極寒の日に外出を引き受け、銀行や郵便局をまわってきてあげる。
●忘年会や慰安旅行の幹事を率先して引き受ける。

こうしたことを行えば、これまた五つのメリットを、身をもって体感できるようになります。

しかも、**奉仕・貢献活動は、多くの徳を積む**ことになります。

その結果、**孤独が克服できるだけではなく、承認欲求が満たされる**ことになるのです。

ポイント

奉仕・貢献活動は、多くの徳を積むことになる。

徳積みは誠心誠意行う

儒学に「五常の徳」という教えがあります。

五常の徳とは「仁」「義」「礼」「智」「信」の五つのことをいいます。

「仁」とは、相手を思いやる気持ちのことです。

「義」とは、正しく清い心のことです。

「礼」とは、相手を敬う気持ちのことです。

「智」とは、智恵や機転を効かせることです。

「信」とは、真心のことです。

要するに、他人と接するときは、この五つを絶えず意識する必要があると、儒学では説いているのです。

徳積みにも同じことがいえます。

相手を思いやり、清い心で、敬いながら、頭を使って（智恵）、なおかつ真心を込めて、相手に尽くす。

この精神の姿勢こそが、本当の徳積みといっていいのではないでしょうか。

そうすれば「情けは人のためならず」という格言にもあるように、**直接、相手から何も帰ってこなくても、この宇宙をめぐりめぐって、神様が素晴らしい恩恵を授けてくれる**ようになるかもしれません。

「同世代の人よりも、仕事で遅れをとっている」ということで孤独を感じている人は、自己特有の才能が存分に発揮できる仕事に就けるように導いてくれるかもしれません。

「周囲がみんな結婚しているのに、私だけ結婚相手にめぐり会えない」と考え、孤独を感じている人も同じです。

神様は、赤い糸で結ばれた運命の人とめぐり会えるように導いてくれるかもしれません。

その瞬間、孤独とは完全に決別できるようになるでしょう。

ポイント

相手を思いやり、清い心で、敬いながら、頭を使って（智恵）、なおかつ真心を込めて、相手に尽くす。

人に喜びを与えることも徳積みにつながる

猿飛佐助などのような現代の人が考えている忍者とは違って、戦国時代の忍者はとても巧妙な忍術を使って、敵の情報を得る諜報活動を行っていました。

そして、人間には「食欲、愛欲（恋愛）、物欲、風流欲（趣味、趣向）、名誉欲」という五つの欲望があり、忍者はこの五つの欲望を巧みに利用して、敵を陥れたといいます。

しかし、「逆は真なり」とは良くいったものです。

現代の視点から考察すると、この五つの欲望を純粋な気持ちで満たしてあげれば、人から感謝され、徳積みにもつながっていくのではないでしょうか。

そこで、**徳積みの一環として、相手の食欲、愛欲（恋愛）、物欲、風流欲（趣味、趣向）、名誉欲といったものを満たしてあげることで、喜びを提供する**のもいいと思います。

●相手が大の甘いモノ好きならば、旅行に行ったときに、甘いお菓子のお土産を買ってきてあげる（食欲）。

●恋人がいない人や結婚を望んでいる人のために、異性を紹介してあげたり、婚活パーティーに誘ってあげる（愛欲）。

●誕生日などにお祝いの品を贈ってあげる（物欲）。

●クラシック音楽が好きな友人が遊びに来たときは、部屋にクラシック音楽をかけてあげる（風流欲）。

●同僚が課長や支店長に昇進したら、昇進の祝賀会を開いてあげる（名誉欲）。

こうしたことを心がけていれば、「ありがとう」と言われることで、自分の存在価値が高まります。

しかも、周囲の人が、自分のことを放ってはおけなくなります。

そうなれば、孤独になりたくとも、孤独にはなれないかもしれません。

ポイント

相手の食欲、愛欲（恋愛）、物欲、風流欲（趣味、趣向）、名誉欲といったものを満たしてあげる。

人のために役立ちたいという理念を抱くと、孤独が克服できる

二〇世紀の初頭、ライト兄弟が「空を飛ぶ機械」の開発に夢中になっていたとき、彼らの友人・知人はこう言って、二人を散々バカにしました。

「人間が空を飛ぶなんてふざけている。あの兄弟はとうとう頭がおかしくなったぞ」

周囲からこう言われれば、孤独を感じてもおかしくはないはずです。

それでも、ついに空を飛ぶ機械――飛行機の開発に成功しました。

アメリカの実業家ヘンリー・フォードも同じです。

フォードが馬車よりもはるかに早く走れる画期的なエンジンを搭載した自動車の開発に従事していたとき、周囲はこう言って彼をバカにしました。

「馬車よりもはるかに速く走れるエンジンの開発なんて、不可能に決まっている。フォードは気が狂ったぞ」

周囲からこうののしられれば、やはり孤独を感じてもおかしくはありません。

しかし、フォードは数十回に及ぶ実験の末、ついに画期的なエンジンの開発に成功

したのです。

では、二人が周囲から批判を浴びても、孤独を感じても、挫折することなく、開発をつづけた理由は何でしょう。

それは**「飛行機や自動車を開発することで、人々の暮らしを豊かに便利にしたい」という理念があった**からにほかなりません。

たとえば**建築士の資格を取るために、一人で勉強に励むいっぽうで、孤独を感じたら、理念を掲げ「人々が快適に安心して暮らせる家を作る」と心の中で叫ぶ**といいでしょう。

そうすれば、**まだ形になっていなくても、その思い自体がやがて実現されることとなる**でしょう。

すると、**孤独感が解消される**と思います。

ポイント

崇高な理念はやがて実現され、孤独感が解消される。

「徳積みメイト」を作って一緒に徳積みを行う

孤独を感じたら、誰かと一緒に徳積みを行うのも、孤独を克服するうえで効果があります。

次のような話があります。

地方で暮らすある中年男性は会社をリストラされ、奥さんにも病気で先立たれ孤独な日々を送っていました。

「失業はするは、妻には先立たれるは、私の人生はお先真っ暗だ」

そんなあるとき、友人から「地元にある公衆トイレの掃除を二人でやってみないか」と誘われたことがありました。

最初は気乗りがしなかったものの、暇を持て余していたその男性は、友人の誘いに応じ、街中にある公衆トイレの掃除を毎朝行うことにしたのです。

すると、「駅前のトイレも、公園のトイレもものすごくキレイになった」と、街の人から次第に感謝されるようになりました。

そういう人たちを周囲の人たちは放っておくはずがありません。

その男性は地元の有力者の紹介で再就職先を斡旋してもらうことができたのです。

それだけではありません。

再就職した会社で経理をしていた女性とプライベートでも親しくなり、数年後には再婚の運びに至ったのです。

徳積みといっても、一人で行うとなると、抵抗を感じることもあると思います。

しかし、**誰かと一緒にやれば励みになります。**

連帯感が強まります。

その時点で、孤独であることを忘れるようになります。

しかも、**他人から感謝され、徳も積まれていく**ようになります。

つまり、**孤独が克服できるだけではなく、運まで良くなっていく**のです。

ポイント

徳積みは誰かと一緒にやれば励みになり、連帯感が強まる。

第9章

人との会話を楽しむと孤独に強くなる

人と会話をすると、孤独が克服できる

孤独でいると、数多くの恩恵を授かることができます。

孤独でいると、不要なストレスをためないですみます。

孤独でいると、自分の時間を取り戻すことができます。

孤独でいると、お金を有意義に使うことができます。

孤独でいると、自分という人間を磨くことができます。

しかし、**いくら孤独が素晴らしくとも、人間は一人では生きていけません。**

職場などで、「人づきあいはわずらわしいから」といって、他人との交流をないがしろにしたら、どうなるでしょうか。

周囲の人から嫌われ、無視されます。

誰からも相手にされなくなります。

すると、孤立し、これまた孤独を感じるようになります。

そうならないためには、**最低限、心と心の交流を図る必要があります。**

そのための最良の方法が人との会話なのです。

会話がいかに大切か、自分に置き換えて考えてみるとわかりやすいと思います。

たとえば、胃の調子が悪いとします。

「ガンだったらどうしよう。ウチはガンの家系だからなぁ……」と不安の念にかられた矢先、同僚がこう言ってくれたらどうでしょう。

「大丈夫だよ。だって君は顔色もいいし、食欲もありそうだから……」

こう言われたら、ホッとするでしょうし、孤独感にさいなまれることもありません。

むしろ、**「自分は気にかけてもらえている。心情を察してもらえている」という安心感がこみあげてきてホッとする**と思います。

したがって、人と会話をすると孤独が克服できるのです。

ポイント

他人と心と心の交流を図る。

孤独を感じたら、人と会話をする時間を意識的に増やす

作家の司馬遼太郎さんは、午後になると行きつけの喫茶店に行ってお茶を飲んだり、夕方になると行きつけのバーに行ってビールを飲むことがしばしばあったといいます。

これには、それなりの理由がありました。

作家業は孤独です。

アイデアが湧いてこないため原稿の進み具合が遅かったり、スランプに陥っても、誰も助けてはくれません。

そんなとき、司馬さんは他人と会話をして、交流を図ることで、孤独感を解消・克服していたのです。

家族の絆《きずな》や職場のつながりが急速に失われ、ネットが急速に普及している今日、人と会話をする時間はどんどん減ってきました。

これでは孤独を感じる頻度も増えるというものです。

逆に、**人と会話する時間が多ければ、人と人とのつながりが実感できる**ため、さほ

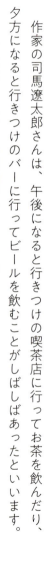

ど孤独を感じることもありません。

そこで、孤独の防止を兼ねて、人と会話をする時間を意識的に増やすことがいいと思います。といっても、堅苦しく考える必要はありません。

コンビニに立ち寄ったとき、後ろに並んでいるお客がいなかったら、顔見知りの店員に「この前買った野菜のサンドウィッチ、美味しかったですね」という言葉をかけるだけでもかまいません。

そうすれば、

「このタマゴのサンドウィッチも美味しいんですよ」

「それならば、次回、来たときに、ぜひ買います」

といった感じに、会話が盛り上がる可能性があります。

そうなれば、楽しみが増えるでしょうし、寂《さび》しさも解消されるようになるでしょう。

ポイント

人と会話する時間が多ければ、人と人とのつながりが実感できる。

孤独を感じたら、挨拶を心がける

孤独を感じる人は、人づきあいにおいて、ある共通点があります。

それは会話の基本となる挨拶を、自分から積極的にしないことです。

そこで、思い当たる人は、これから自分から挨拶をするように心がけるといいと思います。

「おはようございます」

「こんにちは」

「お先に失礼します」

「お久しぶりです。お元気ですか？」

等々。

では、挨拶がなぜ重要になってくるのでしょうか。

それは、挨拶の「挨」の字には「心を開く」という意味が、「拶」の字にも「近づく」という意味が込められていることが関係しています。

つまり、**挨拶には自分から心を開いて相手に接近することで、会話に弾《はず》みをつける効果がある**のです。

さらに、挨拶には、

あ　↓　明るく

い　↓　いつも

さ　↓　先に

つ　↓　つづける

というメッセージが込められていると考えられます。

したがって、**相手よりも先に、自分から率先して挨拶をする**といいと思います。

結果として、挨拶の回数が増えれば増えるほど、**他人と会話をして、交流を図る機会が増えるため、孤独を克服する可能性も高まる**ようになるのです。

ポイント

自分から心を開き、相手に近づき、率先して挨拶する。

相手との距離感を縮めるために自己開示をする

孤独を感じる人は、内向的になっていることもあって、他人から次のように評価されがちです。

「あの人は何を考えているのかわからない」

「あの人はどことなく暗い。陰気なところがある」

すると、他人との意思の疎通もうまくいかなくなり、会話もいまいち弾《はず》まなくなります。

そのため、思うようにコミュニケーションが取れないまま終わってしまうこともあります。

そこで孤独を感じる人は、心理学でいう「自己開示」を心がけるといいと思います。

自己開示とは、わかりやすくいうと、**「ありのままの自分自身のことを、包み隠さず、相手に話す」**ことをいいます。

AさんがBさんと会話するとき、Aさんの情報が多ければ多いほど、BさんはAさんに話しかけやすくなるという利点があるからです。

ただし、その際、自慢話はあまりしないほうがいいでしょう。

代わりに、ときどき**自分の弱みをさらけ出す**ことです。

「私は英語がまったく苦手でして……」

「私は車の運転が下手でして……」

といったように、弱みをさらけ出せば、格好をつける必要もありません。

ありのままの自分で他人に接していけるようになります。

おのずと謙虚になります。

そうなればしめたものです。

お互いの距離感がグンと縮まり、心と心の交流が図れることで、会話が弾《はず》み、孤独感は瞬く間に消滅していくようになるでしょう。

ポイント

会話をするときは、ときどき自分の弱みもさらけ出す。

明るい話題を口にする

孤独を感じている人は、他人と会話をするとき、ついついマイナスの話題を提供しがちです。

「毎日、雨ばかり降ってイヤですね」
「最近、お腹の調子が悪くて……」
「もうお互い若くはないから、無理ができませんね」
等々。

こういうマイナスの話題を提供されると、聞かされる人も、不快で憂うつな気分になってしまいます。

しかも、**毎回、マイナスの話題を提供されたら、その人のことを敬遠する**ようになる可能性もあります。

すると、**マイナスの話題を提供した人はますます孤立し、孤独を感じる**ようになります。

それだけではありません。**マイナスの言葉を口にすれば、それが一種の自己暗示となって、自分の耳を経由して、自分の心の奥底にインプットされる**ようになります。

そうなれば、「悪いことを思えば悪いことが起こる」という心の法則によって、本当に不幸な現象が起きてしまう可能性があります。

そうならないためには、次のように、**相手の気分が良くなる明るい話題を投げかけることが**大切です。

「とても健康そうですね。何か運動でも始められましたか？」

「北海道に行かれたそうですね。向こうは食べ物が美味しかったのではないですか」

こういった**明るい話題を提供すれば、相手は愉快な気持ちになり、会話も弾《はず》むようになります。**

それによって、**別れた後も孤独感に陥ることはない**でしょう。

ポイント

明るい話題を提供すれば、相手は愉快な気持ちになり、会話も弾《はず》むようになる。

お互いの共通点に敏感になると、会話が弾む

ある村に長老がいました。

長老は、村人たちの悩みを何でも解決してしまうことから「大先生」と呼ばれていました。

その大先生のもとへ、一人の中年男性が訪ねてきて、こんな相談を持ちかけました。

「私は鉄工所を営んでいますが、社員たちも家族も自分の大変さをちっともわかろうとはしてくれません。だから、ときどき孤独を感じてしまうのです」

すると、大先生はその男性に次のように言いました。

「毎週、一回、経営者を対象にした勉強会があります。そこに行けば、孤独を感じることもなくなるでしょう」

大先生からこう言われた男性は「それで解決できれば苦労なんかしない」と、思ったものの、試しに、その勉強会に顔を出してみることにしたのです。

ところが、程なくして、男性はあまり孤独を感じなくなりました。

なぜでしょうか。

その勉強会には、同じようなことで孤独を感じている経営者たちがたくさんいたのです。

その人たちと「社員たちも家族も自分の大変さをちっともわかろうとはしてくれない」という**悩みを共有することで、「大変なのは自分だけではない。孤独なのは自分だけではない」と思えてきた**からです。

私たちは往々にして利害関係を意識しながら人とつきあいがちです。

しかし、**本来好ましいのは、お互いの悩みの共通点を通して、交流を深めていく**ことだと思います。

お互いの共通点があれば、会話も盛り上がり、深いつきあいに移行することで、孤独感も克服できるのです。

ポイント

悩みを共有すれば、「大変なのは自分だけではない。孤独なのは自分だけではない」と思えてくる。

「鏡のルール」を会話で生かす

他人と会話するといっても、仲のいい人、相性のいい人ばかりとは限りません。「この人とはソリが合わない。苦手だ」と感じる人もいるでしょう。

しかし、だからといって、職場や仲間内で「そういう人とは、できるだけ会話を交わしたくない」と思っていると、孤立を深めるだけで、孤独感に陥ってしまう可能性もあります。

そこで、そういう人たちと積極的に会話ができるようになるためには、二〇世紀のアメリカの牧師で成功哲学の大家といわれたジョセフ・マーフィーの次の言葉を指針にするといいと思います。

「人間関係は鏡のようなものです」
「相手のあなたへの態度は、あなたの相手への態度そのものです」

私たち一人一人の心は、奥底の部分で、他の人ともつながっている、といわれています。

したがって、自分が「この人は嫌だ」と思いつづけていると、その思いは相手にも伝わり、相手も自分に対して同じような気持ちを抱くようになるのです。

そのため、自分が相手のことを嫌っている限り、良好な関係は築けないのです。

ですから、**自分のほうから率先して相手に対する思いや接し方を変える**ことが大切です。

● **相手の考え方に理解・共感を示す。**

● **相手のニーズに応える。**

● **「こう言われると嬉しいな」と思う言葉を、自分から先に相手に投げかける。**

そうしたことを肝に銘じれば、**今まで苦手だと思っていた人、好きになれないと思っていた人が、自分に好意を寄せてくれる**可能性があります。

きっと、**人間関係で孤独を感じることはなくなっていく**に違いありません。

ポイント

「相手のあなたへの態度は、あなたの相手への態度そのものである」と考える。

相手の自己重要感を高める言葉を口にする

人間関係は鏡のようなものなので、自分のほうから率先して相手に対する思いや接し方を良いほうへ変えていく必要があります。

そのためのもっとも好ましいやり方として、相手の自己重要感を高める言葉を口にする方法があります。

人は孤独を感じると、自分の存在価値を否定するようになります。

そのために「認められたい」「敬われたい」「気にかけてもらいたい」という気持ちが強くなります。これは「承認欲求」が満たされていないからにほかなりません。

人間関係の大家であるデール・カーネギーは、この承認の欲求のことを自己重要感と名づけました。

そして、この**自己重要感が満たされると、人は自分の存在価値が高まったような気分になれ、それに伴い孤独感も解消されていく**と、カーネギーは言うのです。

したがって、この作用をうまく活用して、人と会話をするときは、相手の自己重要感を高めてあげるといいでしょう。

といっても、そんなに難しく考える必要はありません。

「このパーティーが盛り上がったのは、君がリーダーとなってみんなを引っ張ってくれたおかげだ」

「さすが先輩。会議の段取りがうまいですね。しかも、会議での発言も的確です。自分も見習わないと……」

このように、**相手の功績や存在価値を心から認め、敬う言葉を口にすればいい**のです。

すると**「鏡のルール」によって、今度は相手が自分に対して同様の言葉を口にする**ようになります。

そうすれば、**自分の自己重要感が満たされるので、自分の存在価値が高まります。**

その結果、孤独を感じる頻度も激減するようになるでしょう。

ポイント

人と会話をするときは、相手の功績や存在価値を心から認め、敬う言葉を口にする。

相手の美点を発見するクセをつける

人間は大なり小なり、「認められたい」「敬われたい」「気にかけてもらいたい」という気持ち、つまり承認欲求――自己重要感の欲求を抱いています。

この欲求が満たされると、自分の存在価値が高まったような気分になれ、それに伴い孤独感も解消されていきます。

そのためには、相手の功績や存在価値を心から認め、敬う言葉を口にすることが大切です。そうするとその相手にも好感を持ってもらえるからです。

しかし、それがうまく口にできない人もいると思います。

そういうときは、相手の美点を発見して、ほめ言葉を口にする習慣をつけるといいと思います。

「そのネクタイ、スーツに合いますね」

「○○さんの作る料理はとても美味しいです」

「ピアノがお上手ですね」

といったようにです。

ただし、**思ってもいないわざとらしいほめ言葉・心にもないほめ言葉は禁物**です。

大切なのは、心から称賛することです。

その意味でいえば、**「すごいですね」「さすがですね」と驚きや感心・感動を表す言葉を口にする**のもいいかもしれません。

また、**タイミングも大切で、「すごいなあ」と思ったら、その場ですぐに口にする**こともポイントになります。

いずれにしても、**ほめ言葉を習慣にすれば、「鏡のルール」によって、相手も自分に対して同様の言葉を口にする**ようになるかもしれません。

そうすると、**自分の存在価値が改めて認識でき、孤独も解消される**ようになるでしょう。

ポイント

ほめ言葉を習慣にすれば、「鏡のルール」によって、相手も同様のほめ言葉を口にするようになり、孤独が解消されていく。

「口は一つ、耳は二つ」を絶えず意識する

心理カウンセリングの手法に「傾聴、共感、受容」があります。

わかりやすくいうと、相談者の話に耳を傾け、共感し、受け入れることを指します。

これを自分に置き換えて考えてみると、わかりやすいと思います。

「失恋した……」

「販売プランをめぐって上司と口論してしまった……」

そんなとき、心の内にあるマイナスの感情を気心の知れた友人に口にしたとします。

すると、友人が黙って聞いてくれ、「なるほど」「それから？」「その気持ち、よくわかる」と、うなずきながら共感してくれたら、どんな気持ちになるでしょう。

気分が晴れると思います。それだけで、元気を取り戻すことができるでしょう。

人は自分の心の苦しみを他人に理解してもらいたがっているからです。

苦しみを共感してもらいたがっているのです。

人に共感してもらうことで、安心感を得て、マイナスの感情を一掃することができ

るのです。

したがって、人と会話をするときは、相手の話をどんどん聞いてあげるといいと思います。

口は一つしかありませんが、耳は二つあります。

つまり、私たちは**自分のしゃべることの二倍、相手の言うことを聞く**ようにできています。

そのことを意識して、**傾聴の習慣をつければ、「鏡のルール」によって、自分がつらいときに、今度は相手が聞き役にまわってくれる**ようになります。

そして共感してくれるようになります。

そうすれば、孤独を感じることもなくなるに違いありません。

ポイント

傾聴の習慣をつければ、「鏡のルール」によって、自分がつらいときに、今度は相手が聞き役にまわってくれるようになる。

孤独を感じたら、誰かとお茶や食事をする

「この友人とは、いまいち会話が弾《はず》まない……」

そんなときは、その人とお茶や食事をするといいと思います。

これは心理学でいうところの「ランチョンテクニック」の作用が関係しています。

ランチョンテクニックとは、**飲食をしながら会話をすると、美味しい食事や楽しい時間が共有できるため、話の内容がポジティブになり、お互いが親密になる**心理作用のことをいいます。

この芸当に長けていたのが、元総理大臣の田中角栄です。

いうまでもないことですが、総理大臣はものすごく孤独です。

国民の期待を一身に背負っているという点においては、計り知れないプレッシャーがあります。

それに押しつぶされそうになると、角栄は親しくしている議員を食事に誘っては心をなごませたというのです。

良寛や橘曙覧《たちばなのあけみ》といった隠遁《いんとん》生活を送っていた賢者も同じです。寂《さび》しくなると、よく友人を食事に招いたといいます。

「こんな魚が獲れましてね」

「美味しそうですね」

「今が旬の魚です」

「ありがたいありがたい。楽しみだなあ」

こんな会話ができれば、話も弾《はず》み、孤独であることなど忘れてしまうに違いありません。

孤独を感じたとき、誰かをお茶や食事に誘うといいかもしれません。

そうすれば、**相手から好感を持たれ、孤独知らずの人生が送れる**ようになる確率が高まります。

ポイント

飲食をしながら会話をすると、美味しい食事や楽しい時間が共有できるため、話の内容がポジティブになり、お互いが親密になる。

おわりに

この本では孤独に強くなるための方法をさまざまな角度から述べてきました。

孤独を克服するためには、まず孤独になることで得られるメリットを知ることで、孤独がいかに素晴らしいものであるかを理解することです。

そのいっぽうで、他人と交わることで、孤独を克服する方法もあります。

この本では、第1章から第6章までは、孤独のメリットを知ることの素晴らしさについて、第7章から第9章までは、他人との交わりによって、孤独を克服する方法を紹介してきました。

両面から考えることで、孤独を完全に克服できると思います。

お願いしたいことがあります。

それは孤独を感じたら、本書を繰り返し読み、本書で述べたことを実践に移すことです。

車の運転がいい例です。

言うまでもないことですが、教習所のテキストを読んだだけでは、車の運転技術はマスターすることができません。

実際に車に乗って、ハンドルやアクセルやブレーキの操作を身体で覚えることで、運転技術がマスターできるようになります。

孤独を克服するテクニックもまったく同じです。

実体験を通して、孤独になることで得られるメリットを知るようにするのです。

また、他人と交わるという実体験を肌で味わってみるのです。


これを日常生活の一つの習慣にしてしまえば、心の中のプラスの感情が増えるため、毎日が楽しくなります。

明るい気持ちで過ごせるようになります。

そして、孤独とは無縁になることができるのです。

２０１９年１月

植西聰

植西 聰（うえにし・あきら）

著述家。東京都出身。

学習院大学卒業後、資生堂に勤務。

独立後、人生論の研究に従事。独自の『成心学』理論を確立し、人々を明るく元気づける著述を開始。

1995年、「産業カウンセラー」（労働大臣認定資格）を取得。

主な著書に『「折れない心」をつくるたった1つの習慣』（青春出版社）、『平常心のコツ』（自由国民社）、『「いいこと」がいっぱい起こる！ブッダの言葉』（王様文庫）など。

近著に『怒らないコツ』（自由国民社）、『「足るを知る」と、幸せになれる』（扶桑社）、『昨日よりちょっとうまくいく「一日一生」の教え』（祥伝社）などがある。

孤独に強くなる9つの習慣

2019年2月10日　初版発行

著　者　植西 聰
発行者　佐藤俊彦
発行所　株式会社ワニ・プラス
〒150-8482 東京都渋谷区恵比寿4-4-9 えびす大黒ビル7F
電話　03-5449-2171（編集）
発売元　株式会社ワニブックス
〒150-8482 東京都渋谷区恵比寿4-4-9 えびす大黒ビル
電話　03-5449-2711（代表）

ブックデザイン　前橋隆道　千賀由美
本文イラストレーション　nanoclows
DTP　小田光美（オフィス・メイプル）
印刷・製本所　中央精版印刷株式会社

本書の無断転写・複製・転載・公衆送信を禁じます。

落丁・乱丁本は㈱ワニブックス宛てにお送りください。送料小社負担にてお取替えいたします。

ただし、古書店等で購入したものに関してはお取り替えできません。

©Akira Uenishi 2019　ISBN978-4-8470-9759-1
ワニブックスHP https://www.wani.co.jp